まんがでわかる

超一流の雑談力

How to Make Supreme Conversations

〔まんが〕前山三都里　〔監修〕安田 正

宝島社

まんがでわかる 超一流の雑談力 目次

おもな登場キャラクター

山本麻《ま》美《み》

道《どう》予《よ》西《にし》郵便局の局員。大学卒業後、地元に戻り就職。

ポール・レッドヤード

アメリカから来日。仕事でしばらく近所に滞在している。

井出 由美子

麻美の先輩局員。

戸田 義典

麻美が務める郵便局の局長。

重永 光造

盆栽家。盆栽教室を主宰。

坂口 彰史

重永の弟子。英語が堪能。

※このまんがはフィクションです。登場する人物、団体名などはすべて架空のものです。
※本書は『超一流の雑談力』(安田 正 著、文響社)のエッセンスを中心に構成されています。

Chapter 1

第一印象は会った瞬間に決まる

ひとめぼれというが、実際に人は、
会った瞬間にその人が好きか嫌いかを判断している。
その大きな鍵を握るのは笑顔。
多くの人の「普通の顔」は、大抵、笑顔には程遠い。

しんどいなぁ
また今日も仕事かぁ…
山本 麻美
地方郵便局勤務
でもまあ働かなきゃ生きてけないし
仕方ない頑張っていくか
行ってきます
バスのりば
道予西
道予鉄バス
時刻表

〒
郵便局
NETWORK
道予西
郵便局
道予西
…はよう
おはよう
…はよう ございまーす
おはよう!
おはよー
おはよう ございます
…おはよう ございます
どうしたの? 何か嫌なこと でもあった?
?
いえ 別に

ならもっと爽やかにいこうよね？
ポン
一応接客業なんだから♪
まあ最低限は…
お客さんに不快感を与えなければそれでいいんじゃないの？
そこまで頑張っちゃうっていうのもねぇ…
山本さん
おはようございます！
須山君おはよ
今日もいい天気ですね！1日頑張っていきましょう！
うん
みんな元気だなぁ…

ピピッ
1400円に なりまーす
100円の お返しです
ありがとう ございましたー
山本く～ん
この前 注意したばかり でしょー？
所長
…私 特にミスは してませんけど
違うでしょ～？
はぁぁぁ
むに
こ・れ
にぃーー

表情！愛想よく、にこやかに頼むよ！
普通にしてますけど…
足りないから言ってるの！
「郵便局って気持ちいいな」って印象をもっと出してほしいわけ
そうすれば「今度記念切手でも買ってみようかな」とか
「郵便局の保険ってどうなんだろう」とか興味を持ってもらえるでしょ？
国際文化通商50年記念切手
東北新幹線開通記念切手
窓口業務はただの受付じゃないの
「また来たいな」って思ってもらえることが大事なの
山本君みたいに難しい顔してたら印象悪くなっちゃうでしょ？
自覚してる～？
はい…すみません
誰にも迷惑かけてないのに！

井出さんを見習ってよね
うちの息子も出戻りでしてねー
そうなんですよー
…正直サボってるようにしか見えないんだけどなぁ
長話してるだけじゃん…
〜♪
美しい…
公私混同よりはマシだと思うんだけど…
あのぉこれお願いします
あ、はい
お預かりしまーす
それでこういう面倒くさいのは全部こっちに回ってくるし!
?

はぁー
は～ やっと今日も終わった…
おつかれさまですー
おつかれー
…今日は歩いて帰ろうかなぁ
怒られちゃったし
!
外国の人？

…
めんどくさそうなので関わりたくないムーブ
目が合っちゃった
パッ
わ
Hi!
〜〜〜!
〜〜〜
わ
〜〜〜
わ〜
わ
〜〜〜
〜〜〜
あ〜はは
英語わかんないよ〜〜〜
カチン
コチン
Oh…
は?
ココバンサイ

ココ　バンサイ　ドコ？
え？　万歳？
ニコッ
ドキ…
バンサイ
センセイ、ココ
Shigen
Bonsai Garden
ボンサイ　ガーデン
あぁ　盆栽か
ここに行きたいの？
Yes, Bonsai!
I need〜〜…
ちょっと歩くけど…いっか
えっと…ゴ…ゴー　ウィズミー？
Really?
Oh, thank God!
(本当？　助かった！)

Ah...
えーとぉ…
・・・
多分この辺りに…
あった！よかった～

ここです
…って取り次がないとわかんないか
あ、そうだ名前…
えと…ゆ、ゆあネーム？
ピィン
ポーン
My name?
I'm Paul.
はい どなたですか？
あの、アイポーという外国の方を案内して来たんですけど…
アイポー…ちょっとお待ち下さい
キィィィィ
どうもわざわざすみません
Oh, Sakaguchi san!
私が空港まで迎えに行く予定だったのですが
急な予定が入ってしまって…
とても助かりました
は、はぁ

彼はポール
ポール・レッドヤードです
や、山本麻美です
ポールだったー！
え
彼は余計な時間をとらせたことであなたが気分を害していたんじゃないかって心配してたみたいです
なんだか難しい顔をしていたから、と
いえ そんなつもりは
あと「笑顔のあなたは素敵です」「あなたはもっと笑った方がいいと思います」
だそうですよ
あは
あはは いやそんな…
で、では私はこれで
まあまあ せっかくですし
よろしければちょっと見て行かれませんか？

Oh…!!
はぁ〜
おお
ポール君
Shigenaga sensei!
アメリカから
よく来たね
とりあえず今日は
好きに見て
行きなさい
お嬢さんは
盆栽に興味は
おありですかな?
いえ
特には…
Wonderful
わっ
外国人だ!
でけぇ!
重永先生は
海外からも積極的に
弟子を募っていて
海外にもよく教えに
出かけられて
いるんですよ
はぁー
へえ…
じゃあの
ポールって人も?
Amazing!
ええ
先生の熱心な
ファンらしくて
仕事の都合で
しばらく日本に
滞在できるように
なったとか

※根張り…根の張り具合。周囲に安定して力強く伸びている根がよいとされる

※※枝配り…幹からの枝ぶり。太さや間隔のバランスがよい方が好ましい

こんな話を聞いたことありますか？「人は相手が好きか嫌いかを2秒で決める」という話
…第一印象のことですか？
ええ心理学の研究だそうで「人は初めて出会った相手を2秒で値踏みする」のだそうです
2秒…
しかもその半分の時間で1万4000もの視覚情報を取り入れておよその印象を決めているんです
正直そう
優しそう
暗そう
気難しそう
なんていう風にね
ぎゅむ
わ、私だって一応不快感を与えないよう気をつけてますけど
服装や身だしなみはね
でも表情まで気が回っていないでしょう？
で、でも普通にしてますし……

その「普通」が単なる無表情なのかも知れませんね
そのせいで「怖い」とか「近寄りがたい」なんて思われてしまうんですよねぇ
婚活とかで苦労している人も多いみたいですよ？
なんだか怖い
親しみが持てる
な、なんですか急に
ふふ
笑顔の練習しておいて損はないと思いますよ
次の日——
ヒク
ヒク

何やってんだろ私…
仕事行こ…
上手に笑うのって意外に難しいんだなぁ
ポイントは3つ
上の歯の前歯を6本見せる
口角を上げる
目尻を下げる
「目が笑ってない」って思われないようにね
好感度を上げておいて損はないんだから——
…
パカ

にこっ
キョロ
キョロ
ドキ
ドキ
ドキ
ドキ
プイ
ピョ
麻美
キミはもっと笑った方が素敵だよ
ぷ
笑顔の練習か…

Chapter 1

笑顔のない人はマイナスからのスタートになる

雑談の目的は好感度を上げ、相手を理解すること

仕事やプライベートの人間関係を良好にするために、「トーク力」を磨きたい、と思っている人は少なくない。新しい話題を熱心に仕入れたり、テレビのバラエティ番組を見て会話の間を勉強したり、面白いフレーズを自分でも使おうと思っているような人も多いだろう。

だが、雑談力を高めることの目的を考えれば、「相手に何を言うか」の前にもっと気をつけなければならないことがある。それが、出会った瞬間の第一印象だ。

雑談の目的は、①自分に対する好感度を上げ定着させる、②相手の情報を集めて、的確な話題を選べるようにする、の2つ。これらが成り立つことで、やがていい商談につながったり、お互いの心の距離がぐっと縮まるといったことが期待できるからだ。

最初の2秒で勝負は決まる

好感度を考えるなら、話の内容以前に、表情がとても重要だ。

アメリカの心理学者ティモシー・ウィルソンによれば、「人は初めて出会った相手を、最初の2秒で値踏みする」。たった1秒で1万4000もの視覚情報を取り入れて、相手の印象を作りあげる。

会った瞬間の表情が緩んでいれば、いくら能力がある人でも印象はマイナスからのスタートになってしまうのだ。「自分は普通の表情をしている。そんなに印象は悪くはないはずだ」と思う人は、その「普通の表情」を、そのまま鏡に映してみよう。無愛想で気難しそうな人物に見えないだろうか。街に出てみれば、ほとんどの人がそんな表情で歩いていることがわかる。

表情が悪ければ、それだけで印象としてはハンデだ。家を出たら笑顔を作り、いつも口角を上げることを心掛けよう。良好な人間関係作りは、笑顔を定着させる練習から始まる。

「雑談」の目的は自分を好きになってもらうこと！

◎「いい雑談」の効果

その1 自分に対する好感度を上げ、定着させる

「初対面の２秒」で人はその人の印象を決める

プラスの印象	マイナスの印象
正直そう 優しそう 誠実そう…	頼りない つまらなそう 暗い…

➡ **第一印象を後から塗り替えるのは難しい**

雑談がハマれば、どんどん関係は良好になっていく！

その2 相手の情報を収集し、話題にすべきポイントを知る

話す前から雑談力は問われている！

日本人が雑談がヘタなのは ハイコンテクスト文化のせい!?

Column 1

まんがでは、「表情」や「声」の印象の重要性について話題になっているが、試しに電車や街の中で人々の表情を観察してみよう。いい表情の人は何人くらいいるだろうか？　また、電話の相手の声を注意して聞いてみよう。もっと話したくなるような声の人がいるだろうか？

意識してみると、その数の少なさに驚くのではないだろうか。

おおよその日本人が表情や声で損をしている。特に欧米人と比べてみると、その傾向は顕著だ。

その理由は、私たち日本人のコミュニケーション環境によるところが大きい。それはひと言で言うと、「自分の見せ方」を意識しないこと。その前提には、「相手は自分を受け入れてくれるものだ」、あるいは「相手は無条件にこちらの話を聞いてくれる」という誤解がある。それは日本がハイコンテクスト文化だからである。ハイコンテクスト文化とは、ごくごく簡単に言うと「暗黙の了解部分が多い」文化ということ。私たちは暗黙の了解部分や前提に大きく依存して、他人と関わり、コミュニケーションをとっている。

一方、正反対のローコンテクスト文化である欧米では「自分の考えていることは、はっきりと言葉で伝えなければならない」あるいは「相手に伝わるような言い方をしないとちゃんと伝わらない」という前提があり、それが転じて「いい表情や声をしないと相手に受け入れてもらえない」と考えている。そのため、彼らは子供の頃から「いい表情、いい声にしなさい」と躾《しつけ》られる。その方が得であると知っているのだ。

人はまずは出会った瞬間に好き嫌いで相手を判断する、そう考えると雑談の良し悪しの勝負は雑談に入る前から始まっているのだ。

Chapter 2

声の第一印象は性格のイメージをつくる

「挨拶は大事」と多くの人は知っているが、
「どのように言うか」はあまり意識されていない。
同じ「よろしくお願いします」でも、声の出し方で、
印象は大きく異なってくる。

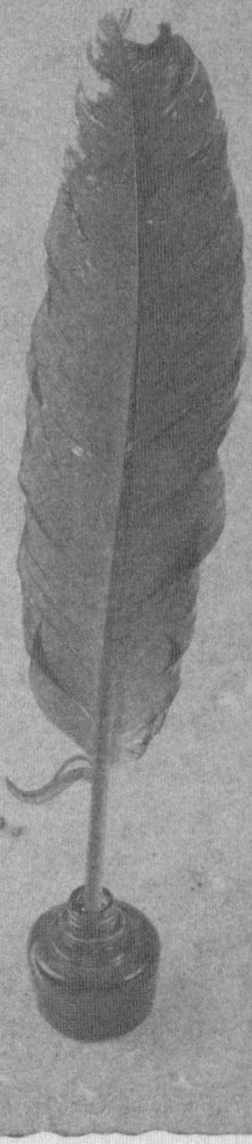

郵便局
NETWORK
道予西
道予西
郵便局
ちょっと
ちょっと
お姉さん!
あ、はい～
ぎこちない笑顔
グキキ
グキ
ど、
どうしましたか?
この後
どうするのよ?
…はい?
ないのよ
名前が
…あぁ
他の銀行宛の
送金ですか?
そう言って
るじゃないの
送りたい銀行が
ないのよぉ
な…
なるほど
送金先の銀行は
どこですか?
甲賀銀行
ってとこ

それなら地方銀行のボタンをですね
うん？
ここを押してもらって次の画面を…
…？
甲賀銀行の「ここ」を押してですね
…ッ！
ああもう！あんたじゃわからん！
え!?
他の人に代わってもらって！
普通にしてただけなのに…！
はいはいーどうしましたー？
あーこれはここをですね～
……
ATMの使い方なんて誰が教えても同じでしょ
ドカ
山本く～～～～ん
笑顔 笑顔

困るねえ
ああいう対応は
ああいうのが積み重なって評判になるんだよ？
君には受付としての自覚がまだ足りてないみたいだね
はあ…すみません
ここはいいから奥で貯金営業でもやっててくれる？
定期貯金が満期になっていて動きがない人のリストね
電話してどうするか聞いてって
…はい
はい
もしもし
ど、道予西郵便局の山本と申します
椎野様のお宅でいらっしゃいますでしょうか
…そうだけど
椎野 昌樹さまでいらっしゃいますか？
私ですが

こちらで定期貯金をご利用いただいてますよね？
ああ…それが何か？
先月で満期になっているのですが、ご存知ですか？
はぁ それで？
じー
もしさしあたってのご利用のご予定がなければ自動継続も可能ですのでそのご案内を…
…なにそれ？お金とるの？
いえ そういった類のご案内ではなく…
あ〜もういいよ 言ってることがよくわかんないし
いえあの ですから――
…はあ〜〜〜？
せっかく電話してるのに！
ハッ
じーー…
と、とりあえずお仕事しなきゃ！

…電話営業も微妙だねえ
保険商品ほど難しいわけでもないのに
すみません…
なんでだと思う？
んー？
ちゃんとやってるつもりなんですけど…
「つもり」じゃダメなんだよ
それって独りよがりってことでしょ？
相手にどう伝わるかが問われてるんだから
はぁ…
！
電話ごしでもどう思われてるかちゃんと考えないと…
ほらお客さんだ行って行って
Hi! Mami!

Hi!
ポール!
と、坂口さん
ど どうも…
いらっしゃいませ
ハロ〜
郵便局にお勤めだったんですね
ええ… 今日は何か?
ポールが小包を航空便で家族に送りたいそうなんだ
Mami, look!
(見て!)
Ta-da!
(じゃーん!)
あはは… すごい数の駄菓子とおもちゃですね…
日本を楽しんでますね…
せんべい
どっサリ

!
・・・
ネイティブ…
「どこか調子が悪いのかい」ですって
…？別にどこも悪くは…
あと「声が悲しそうだよ」とも言ってますよ
え…？
こ
これで箱を閉じていただいてこの送り状に必要事項を書いてくださいっ
？
日本語もわからないのに声だけでわかっちゃうんだ…
ダクトテープ？
ノー ガムテープ
ガム？
ヒソ
ヒソ
ヒソ
ヒソ
ヒソ
ヒソ

ポールのことあんな風に見て…
やだなぁ…日本人のああいうとこ
Hi.
コニチハ!
…なんやええ人みたいやねぇ
ホントやなんとかって映画に出てた俳優さんみたいじゃねぇ
山本さん荷物の準備できましたよ

はい これで
大丈夫です
ありがとう
ございました
えっと…
セ、センキュー
「ほらね
君の笑顔は最高に
キュートだ」
だそうですよ
ボー…
すみません
昼休み遅く
なりました…
山本さん？
ん？
なぁに？

僕戻りましたんで お昼どうぞ
あ、うん 行ってきます
お腹すいたなー お昼何に しようかなぁ
あ ポールと 坂口さん
同じ方向 だったんだ…
…お昼一緒に どうですか？って 聞くのも変かな…？
あ
あ ポールだ！
ポール！
Hi guys! How is it going?
(やあ！ 元気？)

ディスイズアペン！
アッポー
パイナッポー
Yes!
This is a pen!
（うん、これはペンです！）
なんだそれー
アハハ
・・・
haha~
イエ〜イ!!
山本さん
お昼ですか？
すっかり
「おもしろ外国人」で
有名になって
しまったみたいですね
…みたい
ですね
大した奴だ
コノヤロー!!

やっぱり文化の違いなんでしょうか？
というより人の違いですかね
人に好かれて困ることはないでしょう？
「文化」で片づけるのはもったいないと思いますよ
笑顔の力ですか…
それにプラス第一印象は「声」も大事だと言われています
声…？
人の本心は声のトーンでわかってしまいますからね
えっ⁉
ギク
「メラビアンの法則」をご存知ですか
め…めらびあん…？

「メラビアンの法則」は「本心と違う答えをした際 どの要素から どのくらいの割合で 相手にそれが嘘だと わかってしまうか」を確かめた実験です
ちょっと面白い実験でしょう?
メラビアンの法則
言語情報
(言葉やそのものの意味や話し方)
7%
聴覚情報
(声の質・早さ・大きさ・口調)
38%
視覚情報
(見た目・表情・仕草・視線)
55%
この割合で本心が漏れてしまう
嘘がわかってしまう割合…
昨日の飲み会楽しかった〜
ねー
素敵な彼氏だねー
思ってないな…
その髪型すごくかわいいー
こういう状況に遭遇したことはありませんか?
ああ…ありますね
だからいくら言葉は前向きでも声のトーンがまずいと「本心じゃないな」とマイナスの印象につながってしまうんです
うっ…

なるほど…
だからあのとき機嫌を損ねたのか…
心当たりがあるようですね？
い、いいえ別に…
それ〝ド〟の音ですね
…〝ド〟？
「ドレミファソラシド」の〝ド〟です
声の印象がよくない人はよく〝ド〟か〝レ〟の低さで地声のまま話していることが多いみたいですよ
声の高低で…そういうものですか？
では試しに思い切って〝ファ〟か〝ソ〟の高さを意識して声を出してみてください
わー
わー
わー
わー

あー あー
あー
こんにちは！
わっ なんだか 恥ずかしい ですね
そう、それです 今の感じで バッチグー ですよ！
変じゃ ありません でした？
全然変じゃ ありませんよ
その調子で 「よろしく お願いします」 が言えれば それだけで ぐっと印象は よくなるはずです
おはよう ございます
いらっしゃい ませ
よろしく お願いします
ハッ
じーー

で、でも
坂口さんはどうしてこういうことに詳しいんですか？
盆栽のお弟子さんですよね…
うーん…
そこは話せば長くなるかなぁ…
まぁ
昔ちょっと営業みたいなことをしていましてね
今は…そうですね
誰かさんを見るに見かねてというところでしょうかね♪
え、ええ!?なんですかもう！
あ、そうだ山本さんにこれを
盆栽教室の…
ええ
これも何かの縁ですしどうでしょう

え、でも私盆栽なんて…
もし盆栽に興味がなくても
「人に好かれるコツ」には興味あるでしょう？
それに今は
ちょうど「コミュニケーションの達人」も来ていることですしね

でも
盆栽教室
かぁ…
パチ
パチ
盆栽なんて
始めた日には
私…どう
なるの？
HoHoHo
良い出来じゃあ…
パチ
パチ
ほっほっほっ
パチ
「人に好かれるコツ」
には興味
あるでしょう？
…
まあ…
ちょっとは、ね

声の第一印象を意識する

低い声の人は高圧的で感じが悪い

見た目の第一印象と言えば、笑顔、身だしなみ、清潔感など。だが、第一印象にはもう1つある。それが声だ。

普段、多くの人は地声で話している。通常、地声は低く、暗く、とっつきにくい印象になりがち。場合によっては、高圧的に聞こえてしまうため、初対面の相手に対しては、よくない印象を残してしまうことが多い（少なくとも、よい印象にはならない）。

低い声には、確かに「信頼できそう」「真面目な感じがする」といったよい面もある。しかし、これから親しくなりたいという相手に対しては、デメリットの方が大きい。

ファ・ソの音階で挨拶する

そこで、特に相手との距離を縮めるための雑談では、少し高めの声を出すように意識しよう。高い声は、その人のキャラクターを明るく社交的に感じさせる効果があるからだ。

目安としては、「ファ」か「ソ」の音。「ドレミファソラシド」と音階を口ずさんでみよう。地声はド〜ミの辺りの高さになる人が多いはず。そこから少し声を上げて、「ファ」か「ソ」の音で話すようにする。

まずは「おはようございます」「初めまして、○○と申します」などの挨拶で練習してみよう。「高すぎるのでは？」と思うかも知れないが、親しみやすさという面では、それくらいがちょうどいい。冒頭に書いたように、ぐっと真面目な印象を出したいときだけ、低い声を使うようにする。

普段、声が低くなりがちな人は、話すテンポを意識して、少しスピードを上げるようにするといい。そうすると、自然と声が高くなる。高い声でテンポよく話せるようになると、「楽しい人だな」「明るい人だな」という印象を持ってもらいやすくなる。

「声の高さ」も印象を大きく左右する

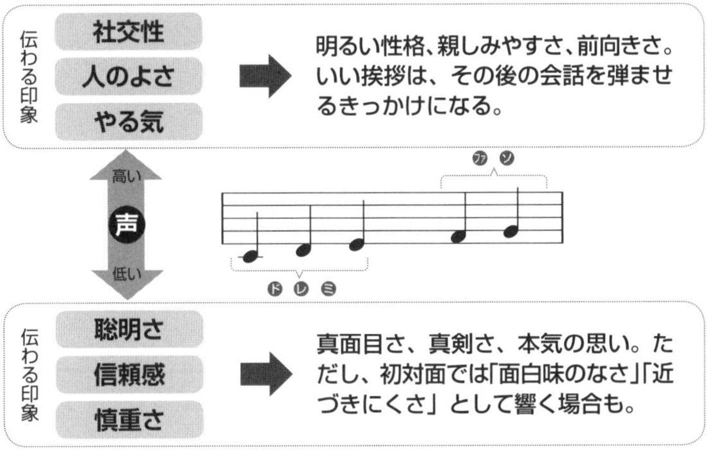

伝わる印象
社交性
人のよさ
やる気
明るい性格、親しみやすさ、前向きさ。いい挨拶は、その後の会話を弾ませるきっかけになる。
高い
声
低い
ファ ソ
ド レ ミ
伝わる印象
聡明さ
信頼感
慎重さ
真面目さ、真剣さ、本気の思い。ただし、初対面では「面白味のなさ」「近づきにくさ」として響く場合も。

デカい取引ほど最後は雑談力で決まる!?

Column 2

世の中には、専門スキルや資格を重視して「仕事の処理能力さえ高ければ、結果は出せるし、重用もされる」と考える人も少なくない。だが一流、そして超一流が活躍するビジネスの世界では、億単位の大きな取引の成否の決め手を雑談力が握っているという場面は少なくない。

億単位の取引にもなれば、役員による最終決定が必要な場合が多くなる。交渉のテーブルで、そうした“大物”といかに話をつけるかが、結果を残せるかどうかでは重要なのだ。

といっても、その場の雰囲気は、意外と穏やかなもの。長々と雑談をして、最後の10分にようやく本題に入れたかと思うと、「うん、いいんじゃないか」などと、あっさり契約成立の運びとなってしまうことは珍しくない。

この役員が雑談で見ているのは、契約の条件面などではなく、目の前の取引相手の人物像。契約内容は、すでに部下から報告を聞いている。だが、「この人物は信用に値するかどうか」という人間性は、自らチェックする必要がある。コミュニケーションの取り方、教養のレベル、ビジネスマンとしてのマナー、身だしなみ……それらを他愛のない話をしつつ、厳しく審査しているのだ。

就職活動で、いろいろな会社の先輩社員が口を揃えて「一緒に仕事をしたい人かどうかが大事」と言っていて、わけがわからず途方に暮れた経験のある人は多いはず。初対面でも雑談が弾めば、相手にとっては「一緒にやっていけそうだ」という好印象を残すことにつながる。雑談力がビジネスのチャンスを広げる、というのは、こういう理由だ。

Chapter 3

自分のコミュニケーション・タイプを意識する

自分を知っている人は、それだけで魅力的だ。
本章を参考に、どんなコミュニケーションをすると
自分らしさが出せるのか、
これからは意識して雑談するようにしよう。

ERIE RESTAURANT
いらっしゃいませ〜
何名様ですか? 少々お待ちくださいませ〜
はいただいま〜
ご注文はお決まりですかー?
ありがとうございました!
〝ファ〟の高さの声と溌剌《はつらつ》とした発音…
人気店の秘密ってところか…
チュー
麻美! 聞いてる?
…麻美
え? あ、ごめんごめん

いやぁ…なんだか急に職場の上司のこと思い出しちゃって…
笑顔
笑顔
…大変そうだね
今日は知果の結婚祝いなんだからしっかりしてよね
えへーお先にごめんね麻美
それにしてもいいなー桜の季節に結婚かぁ
晴れたら外で披露宴できるの♡
律子も家族で来てね♪
うんうん息子と旦那と3人で行くよ
知果の旦那さんは趣味のサークルの人なんだっけ？
うん！ボルダリング
時々一緒になるから通っているうちに気になりだしちゃって…
へぇ～じゃあ知果からアタックしたんだやるね～
出会い…
ボルダリング
ジュー……
よかったじゃんね麻美
うんおめでとう知果

ありがとう！次は麻美の番だよ
え
ドキ
わ私はまだいいよぉ
なぁに？最近出会いとかないわけ？
Mami...
え…
うーん…どうかなぁ
？
…
麻美も何かサークルとか入ってみればいいのにね～
あーダメダメ麻美はそういうの苦手だからなぁ…
えーっと…
実は…
えー

盆栽教室？麻美が？
さ、最近の盆栽って結構若い人にも人気あるんだよ
出会いを求めて「盆栽」かぁ…
あの麻美が
ブシュ
いい人がいるといいよね
別にそんなのじゃないってば！
大体盆栽教室って何すんの？
え…えっとね…
今日から始めることになった山本さんだ
山本麻美ですよろしくお願いします

じゃあとりあえず みんなと一緒に やってみようか
はい…
意外と いろんな人が いるんだ…
外国人がいる くらいだし
じ〜
Mami! Enjoy!
(麻美、楽しもう！)
あはは… うん 頑張るー

パチ
うーーん
こんな感じでいいのかなぁ…
山本さんは郵便局の局員さんなんだって？
はいそうですが
結構朝が早そうな仕事だけど大変じゃない？
忙しい時期とかってあるの？
慣れればそうでも…
やっぱり年末と…あとは夏ですかね…
年末は年賀状だよね…夏は？
暑中見舞いとかお中元のセールがありまして…
あ、なるほど年末はお歳暮もあるのか
ええ…

パチン
パチン
……
こっちからも聞いた方がいいのか…!?
えと…お仕事は何を？
普通のサラリーマンだよ
ああそうなんですね!…
…
……か
会話が続かない!!
私のせい…なのかなぁ…
ポール!
これ見てよどう？

Wow, fantastic!
(ワオ、すごい！)
How about this?
(じゃあこれは？)
あはは！それならここをこうして…
ぷっ
ちょっと何それー!?
Do you like it?
(どうかな？)
We made this!
(2人で作ったんだ！)
盆栽でこんなのありなの？
サンタが印籠持ってるわよ
面白いねぇ
でもいいの？こんなの(笑)
なかなかクリエイティブな盆栽ですねぇ
はっはっはっ

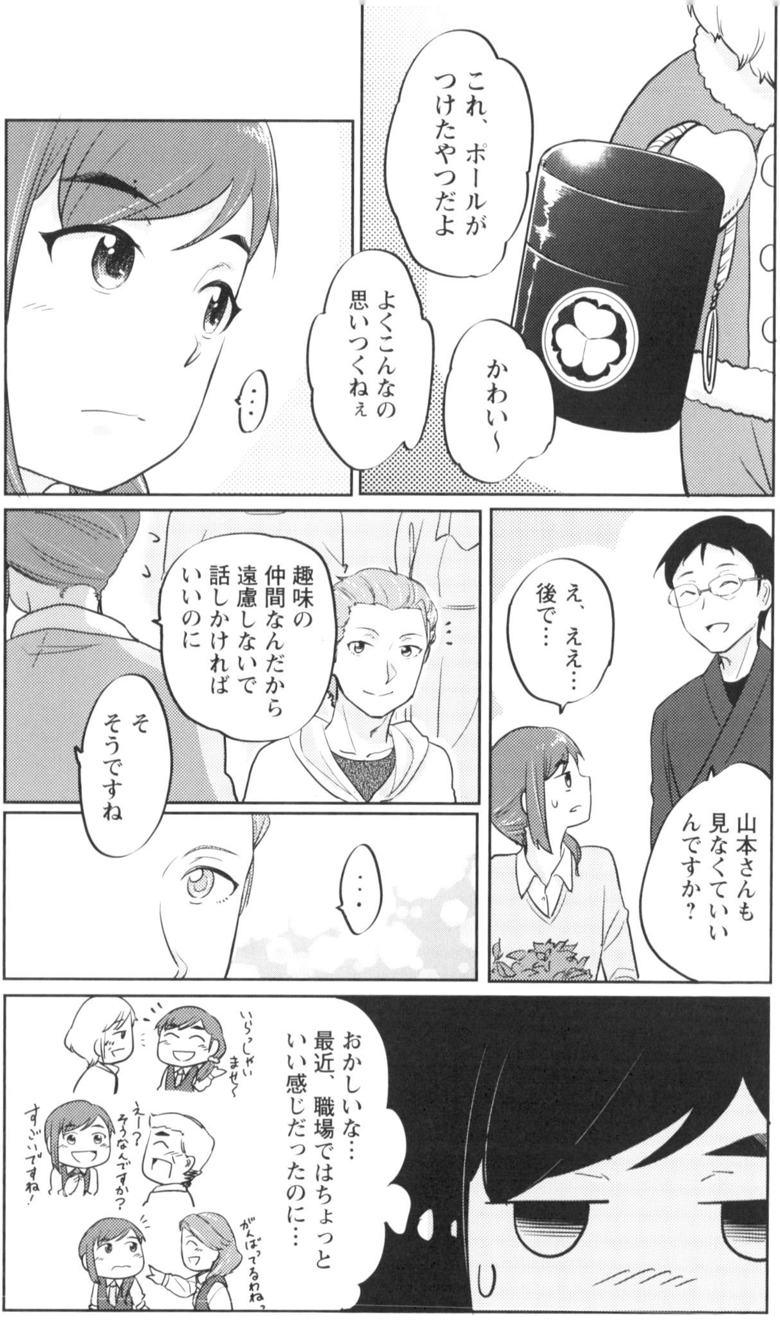
これ、ポールがつけたやつだよ
かわいい〜
よくこんなの思いつくねぇ
…
山本さんも見なくていいんですか？
え、ええ…後で…
趣味の仲間なんだから遠慮しないで話しかければいいのに
…
そ そうですね
…
おかしいな…最近、職場ではちょっといい感じだったのに…
いらっしゃいませ〜
えー？そうなんですか？
すごいですね！
がんばってるわねっ

先生
ああいうの
いいんですか？
これはまた
趣《おもむき》のある
作品だねぇ
ポール君！
独創性があって
大変よろしい
わっ
はっ
はっ
私はどんな
アイデアでも
否定しないよ
盆栽は1人ひとりの
世界観を表現する
芸術だからね
…仕事だと
話題には
困らないけど…
自分に何の知識も
ないところで話す
のって難しいな…

RIE RESTAUR
じゃあ今日は
解さ〜〜〜ん
そしたら
年賀状の枚数
親にも聞いてみて
麻美に
メールするわ
ゆ〜
ゆ〜
私も彼の方に
聞いてみるね
ちょっと多めに
注文できるかも〜
ありがとう
2人とも
あっ！
今度その外国の彼
について詳しく
聞かせろよな！
バイバ〜イ
雑談力、か…

多分だけど全っ然ないよね私…
いろんな人と楽しく話せたら人生広がる…のかな…
パチン
真剣

さっきはあんなに楽しそうに騒いでたのに…
あんな顔もできるんだ…
パチ
パチ
?
「余興はここまで」だそうですよ
えっ？
「あとは真面目にやります」だって
彼は自分のキャラクターの強みをよくわかっていますね
キャラクターの強み？

が印籠
持ってるわよ
言葉は通じなくても笑顔と笑い声で周りを明るくして人を惹きつけることができる
それに一所懸命相手の気持ちをキャッチしようとする姿勢も天性のものなんでしょうね
それを自覚していなければ上手に発揮することはできません
知ってますか？自分のそういうところ
フル フル
彼は自分の中の子供っぽい一面も上手に活かせるから
年齢に関係なく誰とでも仲良くなれるのでしょう
なるほど…
性格のタイプは大きく分けると5つあるそうです
父親的
母親的
冷静な大人
明るい子供
控えめな子供
といったところかな？
CP
NP
A
FC
AC

もちろん仕事では
冷静な一面や
リーダーシップを
発揮していたり
するんでしょうけど
プライベートでは
ダラダラ生活
モグ
モグ
カチ
スナック
仕事ではキビキビ
リーダータイプ
…自分の中の
性格がいくつか
あるってこと
ですか？
ええ
自分の一番
特徴的な性格を
「強み」として
出していける
ようになると
人との距離を
縮めるのが
かなり楽になると
思いますよ
それが最も
「無理のない自分」
として人と接する
方法なわけですから
…「無理のない自分」
そうか…
私は無理を
しているから
なかなか上手く
いかないのか…！
無理
してたのか…

郵便局の窓口では物販の他にも保険とか貯金とかいろいろな商品を扱っていますよね？
いろんな人の相談に乗ってあげられるタイプの人はきっと頼りにされているのでは？
井出さんだ…
あら私？やだわー
ありがとう～
でも私はそういう感じじゃないし…
誰かの真似をする必要はないんです
どんなタイプにだって長所はありますよ
自分自身を素直に出すコツがわかれば
山本さんの魅力が自然と人を惹きつけるようになると思います

借りものの姿じゃなく「自分として」人と出会うか…
そのためには自分のタイプと強みを理解しないと
なんだよね…
…
私にあるのかな…？

ピロリン♪
この間、伝え忘れてましたが
よいサイトがあるので
お教えします。
https://searchme.jp/
性格の特徴を知るのに
参考になると思います (^_^)
山本さんの「強み」、
見つかるといいですね。
ではまた教室で。
坂口
坂口さん…いい人だ…
!?
「自分診断」…？

自分のタイプとその強みを意識する

コミュニケーションのタイプは5つに分かれる

相手にいい印象を残そうとしても、会話で「無理をしているな」とか「なんだかぎこちないな」などと思われてしまうと、相手もリラックスできない。

雑談で距離を縮めたいなら、あくまで自然体の延長で自分を表現していくことが大切。つまり、自分が本来持っている性格の強みを意識し、そこを打ち出していくことで「あなたらしさ」を発揮していくのだ。

コミュニケーションの傾向からみると、人間は大きく5つのタイプに分けることができる。「ボス」タイプ、「いい人」タイプ、「分析家」タイプ、「ネアカ」タイプ、「控えめ」タイプがそれだ。

はっきり5つに分かれるというよりも、どの要素を強く持っているか、というニュアンスだが、自分についてそれを知っていると、相手に対して打ち出しやすいキャラクターがわかり、より無理のない形で「自分」をアピールしていくことができる。自分を知っている人という印象も伝わり、裏表の印象もなくなっていくはずだ。

雑談は「相手のために自分を生かす」意識で！

詳しくは70ページのコラムでも紹介するが、まずは下図を参考に、人とコミュニケーションをする際、どんな性格が出がちなのか、確認してみよう。タイプごとの強みと弱みは、表裏の関係になっていて、特徴が自己中心的なスタンスで発揮されてしまうと、周囲にはよくない印象になってしまうので、キャラの押しつけは禁物。

相手に気持ちよく接するために、自分の得意なキャラクターを生かす、という意識が重要だ。

応用編としては、「相手がどんなタイプか」を探り、こちらの出方を合わせていくという考え方もある。ただ、相手を攻略するような考えでいくと、あざとくなってしまうので、あくまでも「自分の好感度を上げるため」という意識を大事にしよう。

「苦手な部分」を強みに変えて雑談に生かす！

	弱みに見える側面を…	強みで生かす！
「ボス」タイプ	要領が悪い相手にはイライラしがち。つい声を荒らげたり命令口調や断言が多く「怖い」と思われている。	頭の回転が早く、話を整理しながらリードできる。
「いい人」タイプ	のんびりしていて、話にも間が多い。「何を言いたいかわからない」などとツッコまれてしまうこともある。	穏やかに相手に接し、相手の話をたっぷり聞くことができる。
「分析家」タイプ	無表情で、何を考えているのかわからない。理屈っぽくて、面白味がないという印象を持たれている。	細かいところによく気づき、冷静に状況を把握することができる。
「ネアカ」タイプ	気まぐれで、自分の関心で話があちこちに飛んでしまう。真剣な場や空気が苦手で「不真面目」との印象を持つ人も。	盛り上げ上手。アイデアが豊富で、相手の話から連想的に話を広げていける。
「控えめ」タイプ	引っ込み事案で主張が苦手。周りに流されやすいため、「信用できない」「任せられない」と思われてしまう。	相手を不快にさせず、寄り添うことが得意。控えめな距離感が保て、礼儀正しく見える。

詳しくは、70ページからのコラムもCheck！

コミュニケーションの「強み」を5つのタイプで理解する

Column 3

言いたいことをはっきり言う「ボス」タイプ（CP）

強み

- レスポンスが早い
- 話を整理するのが得意
- 信頼できる

弱み

- 遅いテンポが苦手
- 要領の悪い話に乗らない
- 高圧的である

自分がこのタイプの場合

一見コワモテで近寄りがたい雰囲気を与えるため、周りから敬遠されがち。会話の途中で相手の話の腰を折るのは絶対NG。ソフトな言い回しやスローにしゃべることを心がけよう。気がつくと腕組みをして話を聞いているときもあるので要注意。また、判断のスピードが早いので、相手にもすぐに結論を求めるという場面も多い。雑談をムダなものと決めつけず、気やすくやりとりする中で人間関係が培われるということも意識しておきたい。十分に会話をして、意見を出しあった後でまとめ役になれると好印象。

相手がこのタイプの場合

頭の回転が速く、計算高い「ボス」タイプの興味を引くには、何かメリットがあると感じられる話をするのが一番。回りくどい表現は避けて、質問にははっきりと答えること。まずは結論から述べ、その後から情報を補足するよう心がけよう。プライドが高い人でもあるので、上手に褒めれば大きな効果が期待できる。あえて視線を外して、つぶやくように相手を讃える“つぶやき褒め”を試してみるのもいいだろう。「○○さんのファンになっていいですか？」「私のメンターになってください」などと率直に伝えるのも有効。こういう親分肌の人ほど一度仲よくなれば、義理がたく面倒を見てくれるもの。相手の懐に飛び込むよう、自分から積極的に近づこう。

対人関係では、主にここで紹介する５つの性格が出やすい。
自分がどんなタイプなのかを知って、コミュニケーションに役立てよう。

おっとりとして話しやすい「いい人」タイプ（NP）

強み

- 穏やかに話せる
- 人の気持ちを察する
- 共感できる

弱み

- 話のテンポが遅い
- 優柔不断
- 何を言っているのかわかりづらい

自分がこのタイプの場合

人当たりよく、誰とでもおしゃべりを楽しめるので雑談は得意。その一方、長話になり、本題から逸れることもしばしば。話が全く進展せずに、相手は内心「いつになれば答えをもらるのか！」とイライラしているかも。優柔不断な態度をとり続けていると、頼りなく思われ、場合によっては信頼を失うことにもつながりかねない。会話を楽しむのもいいけれど、相手の立場を考えて、言うべきことはしっかりと伝えるよう心がけよう。共感を積極的に示し、小さなお土産を用意するなど、相手への親切を心がけると好印象だ。

相手がこのタイプの場合

いつも笑顔で雑談に応じてくれる「いい人」タイプは打ち解けた雰囲気で話しかけやすいはず。その反面、話がどんなに盛り上がっても結論を得られないという事態に陥りがち。決断力に乏しい人でもあるので、ある程度、こちらがリードしてあげる押しの強さが必要。頃合いをよく見計らって、本題を切り出し、決断を促そう。ただし、焦って会話のテンポを上げ過ぎないように気をつけること。おっとりとしたタイプの人は、早口でまくしたてられるのが何より苦手。プレッシャーを与えないように、なごやかな会話を心がけたい。「こう思いますが、いかがでしょう？」とアドバイスするような気持ちで接すれば、安心して心を開いてもらえるだろう。

賢い話し方をする「分析家」タイプ（A）

強み

- 細部に気がつく
- 冷静に話せる
- 客観的に話せる

弱み

- 関心がないように見える
- 表情を読み取りにくい
- 興味のない話に乗らない

自分がこのタイプの場合

興味のあるものはとことん追求するのに、必要ないと判断したものには全くの無関心。たとえ関心のある話題でも表情にほとんど出ないので、「何を考えているのかわからない人」という印象を持たれる。話し相手を不安にさせてしまいがちなのがこのタイプ。話を盛り上げるためにはリアクションが不可欠。相づちやうなずきはもちろん、ときには大きな声を上げて笑ったり、手を叩いたりしてみよう。相手との距離が途端に縮まるはずだ。相手の話をまずはよく聞いて、論点を整理したり、比較してメリット・デメリットを検討するなど、テーマの理解を助ける役どころに立つと好印象だ。

相手がこのタイプの場合

反応が薄く、口数も少ない「分析家」タイプとの雑談は盛り上がらないことが珍しくない。だからといって、話に全く関心がないとも限らない。言葉つきや目の色の変化などをよく観察して、見極めることが必要になる。話題としては井戸端会議のような単なる雑談ではなく、知的好奇心を刺激する内容のものがベスト。前もって、相手の興味のある分野の情報を仕入れておきたい。数字などを具体的に示して、プレゼンするように伝えれば話に乗ってくるはずだ。知的レベルの高い人に多いタイプでもあるので、要点を絞って論理的に話すことは必須。先に結論を示して「面白そうな話だな」とメリットを感じさせた上で、その根拠を詳しく説明しよう。

とにかく明るい「ネアカ」タイプ（FC）

強み

- 雰囲気を明るくする
- 会話を弾ませる
- 創造的な話ができる

弱み

- 話が飛躍する
- 不確実なことでも断定する
- 緊張感がある場が苦手

自分がこのタイプの場合

楽しいことが大好きで、冗談を言ったり、ふざけたりする雑談の盛り上げ役。場を明るくしてくれるのはいいけれど、話はいつも脱線しがち。実現できそうにないことを口約束したり、安請け合いばかりしていると、周囲の人たちから信頼されなくなる可能性も。ノリだけで突っ走らず、ときには立ち止まって考えよう。また、状況に応じた会話を心がけたいもの。ユーモアのつもりが悪ふざけに受け止められる場合もあるので、気をつけたい。失礼にならないように人なつこさを出し、相手の懐に自分から飛び込んでいくようにすると好印象だ。

相手がこのタイプの場合

社交的でもともと人と話すのが大好きな「ネアカ」タイプとの雑談は楽しいもの。リアクションや質問などで、相手の話を上手に引き出すことを心がけよう。具体的には、いくぶん大げさに表現して話を"ちょい盛り"するのがポイント。気分よくさせるヨイショを効果的に交えるのもおすすめ。表情や態度もポジティブに接すれば、相手は必ず乗ってきてくれるはずだ。ただし、話が飛躍しがちなので、「今、どこに向かっているのか」を常に意識しておくことが大切。あまりに逸れそうな場合は、「話は戻りますが」とさりげなく軌道修正を。理詰めで考えるタイプではないので、最終的に言いたかったことをきちんと伝えられれば多少の脱線は問題ないだろう。

あまり主張しない「控えめ」タイプ（AC）

強み

- 聞き上手である
- 不快感を与えない
- ソフトな印象を与える

弱み

- 自分の主張ができない
- 人の意見に流される
- 八方美人になる

自分がこのタイプの場合

自己主張することが苦手で、雑談では聞き役になりがち。無意識に人に不快感を与えることはなくても、「つまらない人」と思われてしまう可能性も高い。何事にもスローペースでなかなか決断できないことも多いため、周りがヤキモキして口出しする場合も。流されないように、自分の考えをしっかりと持ちたいものだ。意見を表に出すためには、日ごろからのトレーニングが必要。言葉の使い方などのテクニックを身につけて、雑談力を高めておこう。相手の話をしっかり深く聞くことができれば、それはそのまま好印象につながる。

相手がこのタイプの場合

うなずいて話を聞いてくれていても、自分の考えをほとんど主張しないので「控えめ」タイプは理解しづらい。そこで意見を何とか引き出そうと強引なアプローチを仕かけると、かえって心を閉ざされてしまう可能性も。接するときは、第一に相手のペースに合わせること。例えば、ゆっくりとしゃべる人なら自分も同じようにゆっくりとした口調を心がけよう。言葉がなかなか出てこないときも沈黙を恐れず、じっくりと待つ姿勢が大切。相手が自分のペースで考えようとしているのを邪魔してはいけない。実は、このタイプには内弁慶な人も多い。一度打ち解ければ、別人のように気安く振る舞うケースも。一気に距離を縮めようとしないことが肝心だ。

Chapter
4

「話す」は3割、「聞く」が7割

人は誰でも、自分のことを話すのが大好き。
だから、相手にたくさん話してもらった方が、
「この人といると楽しい」と思ってもらいやすい。
聞く量を大きく増やしていこう。

郵便局
NETWORK
道予西
郵便局
はい！ではお荷物お預かりしますね！
ありがとうございました～
郵便局
…あのー
はい！どうかなさいましたか？
記念切手が欲しいんだけど…これしかないの？
いえ他にもございますよ
それって見られるかしら
はい！
今あるのはこんな感じですね
へぇ…いろいろあるのねぇ
う～ん

いえね 昔にお世話になった人に手紙でも書こうと思ったのだけれど普通の切手だと味気ないじゃない？
あぁそういうことでしたらご当地の史跡名勝ものですとか
季節ものですとか風物詩ですとか…あとはアニメや動物なんかもありますね
いろいろありすぎて迷っちゃうわねぇ
窓口
でも今回だとアニメや動物は違うわよねぇ…
そうですよね どうしましょうか…
あなたならどれがいいと思うの？
私ですか？
同世代や目上の人なら…
そうですねぇ…
この辺りでしょうか
じゃあ これにするわ 1シートちょうだい
かしこまりました～
お姉さん

ありがとう
初めてかも…
あんな風にお礼言われたの…
ぼー…
ポールぐらいかなぁ…
麻美ちゃん接客が上手になってきたんじゃない？
井出さん
そ、そうですか？
さっきの人切手のことで迷ってたみたいだけど麻美ちゃんを見て買おうと決めたんだと思うわ

最近の麻美ちゃん本当に感じがよくなったと思う
お客さんも話しかけやすくなったんじゃない？
それならいいんですけど…
もうちょっと言いやすい感じが出せればカンペキだけど
前よりは全然いい感じよ
この調子で頑張りましょ♪
は　はいっ
…局長もあのくらい褒めてくれたらいいのに…
ちぇー
まぁでも…接客もそれぞれやり方があるというか…
井出さんは面倒見のいいお母さん
須山君は明るい孫キャラ…

みんな自分のやり方でいいってことかな…？
この前やってみた自己診断の結果からすると…
私の長所は「穏やかに人と接することができる」ところ…
焦らずにゆっくり対応すればいいんだ
それに自分の「強み」を活かして人と接するってちょっと楽しいかも
よしっ
何だかイイ仕事できそうっ
…でも
こうしてみると「強み」を活かすって本当に…
盆栽と似てるんだなぁ…

※直幹《ちょっかん》
懸崖《けんがい》
寄せ植え
模様木《もようぎ》
石付き
盆栽にはさまざまな樹形があります
美しい盆栽に仕上げる要素は3つ
根が周囲に偏りなく張り出して安定感と力強さがあること
幹が素直に立ち上がっていて上に伸びるほど自然に細くなっていること
そして枝の太さや間隔のバランスがよいこと

※いずれも盆栽の樹の姿の種類。直幹…幹が真っ直ぐしているもの、寄せ植え…複数の木を植えて風景を表現したもの、模様木…幹と枝が屈折しているもの、懸崖…崖に生えた木の姿のもの、石付き…木を石につけたもの

それぞれ※「根張り」「幹」「枝配り」というポイントです
この3要素を兼ね備えていれば文句なしです
しかし優れた盆栽とは必ずしもそういうものばかりではありません
どれか1つの要素が欠けていたとしても
長所を伸ばすことで息を呑むような素晴らしい作品に仕上げることができます
個性の魅力ってやつですね
個性…
その樹の「強み」が十分に発揮されているとき
その樹ならではの魅力が人々を惹きつけるのです
「強み」が魅力に…

※ P19 参照

なかなか教科書通りの理想は手に入らないってことですね
だからこそ麻美さんは麻美さんらしくそれだけでもっと魅力的になれると思いますよ
…ってポールがこの前言ってましたよ
いや〜お熱い
お前か!
ぼぼぼ盆栽の話ですよね!?
ふふふ

…さん
当に得する！
保険加入ガイド
老後の生活を生き生きと
特集・70からのセカンドラ
…お姉さん！聞いてる？
は、はい！もちろん！
いけない、仕事仕事
はは…
それでね
叔父が急に亡くなってかなり大変だったみたいでね
うちも多少は蓄えあるけど？やっぱり心配じゃない？もっと万一に備えて置くべきかしら、なんて
な、なるほど
えーと…
でしたらこの辺りのタイプはいかがでしょう
今こちらでイチオシのプランでして…
ん～どうかしらねぇ
ごゆっくりお考えくださって大丈夫なので…

今日はもう いいわ
もうちょっと考えてからにするわね
よいせっ
そ、そうですか
ありがとうございました!…
あ～もったいない
わっ 井出さん
あの人 結構入る気満々だったわよ～
多分もうここのプランをいろいろ調べてきたわね
せ…世間話しかしてなかったのに!?
「もっと」って言ってたから 多分追加の保障を考えてたんでしょうね
きっと気持ちよく会話できていたら満足してそれでオッケーだったはずよ
えー!?
そ、そうなんですか!?
…私 それなりに話を聞いてましたよ?
でもそれが相手に伝わっていたとは限らないでしょ?

…？
どういうことですか？
それが次の麻美ちゃんの課題かな
頑張ってね麻美ちゃん
…わけわかんない
おや、山本さんどうかしましたか？
あ、いえこっちのことです…
ハイ！ポール！

クエスチョン！
質問していい？
To me?
（僕に？）
All right!（いいよ）
What?（何？）
これ…あっ！
え〜っと…
あ！
うん
うん
ディス！
くろだ！
メジャー
リーガー！
Ah, Kuroda.
（ああ、黒田）
The major league hurler.
（メジャーリーグ投手だね）
はーらー？
?
あ！
ピッチャー！
しゅっ
黒田投手
知ってる？
えっと…
ドゥーユーノウ？
Oh, yes!
I know him!
（うん、知ってるよ）
ホッ
通じた…
えっと…
人気…
ぽぷ…
ポピュラー？
popular?
くろだ
ポピュラー？

困ってるみたいですけど…通訳してあげないんですか？
でも彼は諦めていませんし精一杯頑張ってる途中ですから
イエス ポピュラー …ユー？
えと…アメリカ？
くろだ ポピュラー？ アメリカ？
Ah... I see!
（あー　わかった！）
Yes, he is very popular in America!
（うん、アメリカですごく人気だよ！）
人気なの？ホントに？
はあー
フフフ
Yes!! He has a lot of fans!
（ああ、ファンがたくさんいる！）
ファン！そんなにたくさんいるの!?
！
So many fans!
（たくさんファンがいるよ！）

どうやら彼の質問ちゃんと通じたみたいですね
すごいガッツ…めげてませんでしたもんね
彼も頑張りましたがあれはポールのおかげでもあるでしょう
ポールの？
ええ
ああいう聞き方だからあの子も頑張って伝えようと思えたんでしょうね
…？
ICHIRO
おー!!
もし最初の時点でポールが「何が言いたいかわからないよ」って態度だったらどうです？
I don't understand.
一瞬で挫折したでしょうね…
会話には「話をちゃんと聞いてるよ」というサインが重要なんです
「聞いている」のサイン…？

しっかりうなずいたり
はっきりと相づちを打ったり
大きな動作でリアクションをしたり…
それのおかげで「聞いてもらえている」って安心感があったから
あの子も最後まで質問を続けられたんだと思います
なるほど…
まぁそれは日本人同士でも同じなんですけどね
なまじ言葉が伝わるせいで聞き手側が「こちらにちゃんと伝わっていることはわかるだろう」なんて言わなくても思い込んでしまうとなかなかうまくいかないものです
パッ
壁に向かって話しているのと同じになっちゃいますからね

話している側はだんだん「伝わっているのかな？」と不安になってくるし
よいせっ
話し甲斐がないから「もういいや」となってしまう
要は話が盛り上がらないわけですね
…どうしたら…
「聞いてますよ」と相手にわかるように伝えることです
まずは「うんうん」と相手の話のリズムに合わせて、しっかりうなずく練習からかな
うなずいている「つもり」では相手にその動きは見えませんからね
うん
うん
うん
うん
しっかりうなずく…
うん
うん
うん
うん
じっと見つめると観察されているようで印象はよくないですよ

目尻を柔らかくして
相手を見るというのも
ポイントです
そうそう！
いい感じ
ですよ♪
キ
Mami!
Sakaguchi san!
(麻美！　坂口さん！)
What are you
talking about?
(何の話？)
?
じー

け、結構大変ですねこの表情って
…
ええ、だから習慣づけしておくんです
「聞く」のは「話す」の3倍の体力がいると言われていますからね
3倍…
会話って実は言葉のやりとりだけじゃないから
結構、奥が深いんですよ
「聞いている」のサインか…
もう少し頑張ってみようかな…

Chapter 4

話に合わせてリアクションをしっかりとる

じっと真剣に聞いていても意気込みは伝わらない

お互いの距離が縮まるまで、話題は普通、当たり障りのないものが中心になる。だが、そこで気のない聞き方をしていては、いつまでも「深い話ができる相手」にはなれない。

逆に、ひと言も漏らさず聞き取ろうとして、じっと相手を見つめたり、腕を組んで難しい顔をしたりしても、やはり相手は「ちゃんと伝わっているだろうか」と心配になる。凝視されるのは観察されているようで居心地が悪いし、初対面同士では、あなたが人の話は黙ってしっかり聞くタイプだ、などということは、わかるはずもないからだ。

相手が話しているときは、こちらがしっかり聞いていることを、相手がわかるサインを明確に出していくことが大切だ。

相手にわかるようにはっきりうなずく

「聞くことを意識する」というと、言葉でうまく合いの手を入れる技術を考えたくなるが、その前に、まずはしっかり相づちを打てるようになろう。自分はうなずいているつもりでも、相手にはよくわからないことも多いので、オーバーアクションに思えるくらいが、ちょうどいい。

相づちの目的は、「あなたの話に、私は関心を持っていますよ」という自分の気持ち（好意）を伝えること。驚き、笑い、悲しみなどの感情を相手の話に合わせて表現するのは、やはり欧米人がうまいので、彼らのやり方をぜひ参考にしたい。

目線は、外さないようにしつつ、相手が話しやすいように、目尻を柔らかくして、ソフトな印象をキープするのがベスト。イメージとしては、おばあちゃんがかわいい孫が遊んでいる様子を見守る目だ。相手の目を見るのが恥ずかしいという人は、ネクタイの結び目や、眉間のあたりを見るようにするといい。

うなずき方のバリエーションを増やそう

深い共感・納得を伝えるとき
（小刻みにうなずきながら）
ああ～
話のオチや重要な展開の場面で、楽しい気持ちを伝えるとき
う～ん、それはすごい！
（驚いた表情、仕草とともに）
お～それは、さすがですね
驚き・意外な印象を伝えるとき
へえ～
（眉を軽く上げて目を見開きながら）
理解していること、話についてきていることを伝えるとき
重要・真剣なポイントでの理解を伝えるとき
ええ
（低く冷静なトーンで）
はいはい
（深くうなずきながら）

いろいろなうなずき方を使うことで、相手はどんどん話したくなる！

相手を楽しませようとする「すべらない話」はいらない

Column 4

本書では、第一印象の好感度アップや、聞き方のコツを中心に紹介しているが、自分から相手に話題を振って、その答えから雑談につなげていくという状況も、もちろんある。そういう場合、最初のきっかけとなる話題は、次のようなものがおすすめだ。

気候／相手の会社情報／衣服・ファッション／健康／趣味／最近のニュース／共通のこと／出身地／血液型／仕事

つまり、誰でも当てはまるような、当たり障りのない話題で十分（むしろその方がいい）というわけだ。逆に、政治、宗教など、雑談でなく議論に発展しそうな話題は避けた方がいい。恋愛や下ネタは、人によりけりで、一気に距離が縮まる可能性もあるが、嫌悪感を与えるリスクも高いので、基本的には避けた方がいいだろう。

場を盛り上げるために、つい笑い話をしてしまう人がいるが、「笑える面白さ」は、雑談では基本的には必要ない。適度に話を大きくしたり、喜怒哀楽を上手に混ぜて惹きつける話し方ができるならいいが、そうでないと、かえってつまらない人（イタい人、空気が読めない人）という印象を与えてしまいかねない。

欲しいのは「興味深い」の意味での面白さ。例えば、健康（病気）、自分の本業、スポーツ、最近のヒット商品、話題の映画や本など、相手がなんとなく知っていそうなテーマで「へぇ、そうなんだ」「それは知らなかった」と思えるような「情報性」が相手を惹きつける。常時５～６個用意しておいて、ここぞというときに話題にできると、「〇〇を教えてくれた人」という強い印象を相手に残すことができる。

Chapter 5

相手のリズムにシンクロして聞く

話を聞くときは、ただ真剣に耳を傾けるのではなく、
相手のリズムを意識することが大事。
相づちや何気ない質問が
話の腰を折ることもあるから、要注意だ。

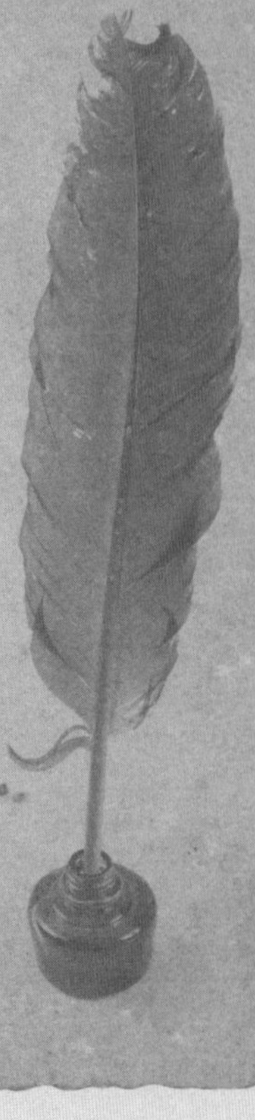

でねー！男ってのは根本的に子育てをわかってないのよ！
そうなの？律子も仕事で大変だもんねぇ
そーなの！ちょっとは手伝ってもいいよね!?
うんうん
1人だと手が回らないもんね
うんうん… うん…
へぇ… そうなの？
ホントに？ひどくない？
うん… あ～わかるかも
…あ、もうこんな時間じゃん そろそろ切るねー
うん、わかった じゃあね おやすみー
…律子と1時間も話したのって初めてじゃない？
ピロリン
今日は聞いてくれてありがとう！すごくすっきりした！
そう？
うん！麻美に話してよかった！
じゃあ寝るね～おやすみ～

私、ほんとにただ聞いてただけなんだけど…
そう言われるとなんだか嬉しいな…
でも…聞いてもらえるって確かに嬉しいことだよね…
おやすみ〜
それで旦那の会社も残業をもっと減らせって話になっててね
ええ
給料に響くかもっていうのもあるけど一応管理職だからさ
残業手当もつかないわけじゃない？
若い社員が早く帰る分返って忙しくなってるのよ〜
あ〜
それは大変ですねぇ
そうよ大変よぉ隣の家の旦那さんなんて…
もう受付時間終わっちゃうよ…

それでね私、旦那に言ってやったのよ！あなたが――
あ、あの
きょ、今日は保険のご検討でご来店されたんですよね？
そうよ？
それなら大きく分けて養老保険と終身保険の２つがありまして…
それくらいはわかって来てるわよ
な、なるほど
一応今のところ養老保険で考えてるわ
それはどうしてですか？
どうしてって…なんとなくよ養老保険の方がいいんでしょ？
なるほど…
え～と…じゃあ何をおすすめすればいいわけ…？
そ、それでしたらこちらの保険プランのシミュレーションをご覧いただいて…
すくっ
あらもうこんな時間帰らなきゃ
また来るわね～
ポカーン
…

無駄話を40分…
しかも契約取れず…
山本く〜〜〜〜〜ん
どうして見込み客をそのまま返すの？やる気あるの？
ゴゴゴゴゴ
えぇ…だって時間が…
いくら時間がなくってもアレはないでしょアレは
せめて二択までプランを絞って「次までに考えておきます」くらいの言葉を引き出してお帰りいただくようにしないと
でも世間話がずっと続いてしまって
それは言い訳！
もっとお客さんから情報を引き出す聞き出す基本よ基本！
頼むよ

・・・
ん〜〜
さっきのお客さんは惜しかったわね〜頑張ってたのにね
あと30分あれば私だって…
う〜ん…それはどうかなぁ…
え…
あと30分あのお客さんとお話したとしても
あんまり深い話にはならなかったんじゃないかなぁ
…どういうことですか?
麻美ちゃん最近感じよくしようとしてるのわかるけど
私たちの仕事はそれだけじゃぁダメなんだよね
感じよく聞くだけじゃダメなんですか?

そうよ
お客さんから もっと情報を引き出す 聞き方をしないと
情報を 引き出す…?
家族構成 勤め先 大体の年収
自分の趣味 家族の趣味 大切にしてる 価値観
これから チャレンジ したいと 思っていること 本人にとっての 理想の幸せの かたち…
そういうのを 聞き出して初めて 「おすすめの保険はコレ」 って自信をもって 言えるわけだから

でもこっちは売る側で相手はお客さんですし…
だからこそ「ペース」が大事なのよね
こちらの都合で話題をコントロールしようとすればお客さんは必ずそれを感じて身を固くするもの
あ…
例えば横断歩道を渡りたいお年寄りがいるからって
腕をぐいぐい引っ張っていったら、本人はどう思うかしら?
怖いし不安ですよね
私なら自分の速さで歩きたいです
でしょ?
いいから いいから
あわわ
会話はあくまで相手のペースに合わせることが大事というわけですか
そう!
その上で相手の情報を引き出すのよ
…
それってすごく難しいことなんじゃ…

だからといって相手にたくさん話してもらおうと思って
「なぜですか？」「どうしてですか？」みたいに聞くのは避けた方がいいわよ
どうしてですか…
あ
うふふ
理由を問う質問をされると
「知識があるか試された」とか「プライベートに首を突っ込まれた」みたいに聞こえる場合があるから
日本の農業ももっと工夫していかないとダメですよね〜
どや
なぜですか？
え、だ、だってさ…そういうもんでしょ？
なんとなく言っただけだよ！恥かかすなよ！
人によっては機嫌を損ねたり印象が悪くなったりしちゃうわね
私は土曜日の午後はすぐに折り返せないことが多いと思います
なぜですか？
え……まあちょっといろいろありまして
私生活に踏み込んでこないでよ！

なるほど…
その「なるほど」も気をつけた方がいいわ
えっ
言い方によっては軽く聞こえて「ホントにわかってるの？」と気を悪くする人がいるからよ
な、なるほ…うあ…
そんなこと…考えて人と話したことなかった…
キョロ
キョロ
今お客さんもいないしちょっと練習してみよっか？
え、でも私まだ事務仕事が…
大丈夫♪私も後で手伝ってあげるから
須山君しばらくお願いね～
お任せください！
山本さん頑張ってください！

はいここに座って～
まず私が聞くからどんな気持ちがするか教えてね
は はぁ…
麻美ちゃん何事も経験よ
とりあえずやってみてそれから考えましょ♪
最近休みの日はどんなことをされているんですか？
盆水

そういえばポール君はいつまで日本にいるんだっけ?
そろそろアメリカに戻ると思いますよ
日本の高級フルーツの買い付けに来ていたんだろう?
じゃあ仕事の目処はついたわけか
ええ
この間、いい話があったみたいでした
今日もこの後来るそうですからもう少し詳しく聞いてみますよ
ふむ…
アメリカに帰国しても盆栽を続けてくれると嬉しいね
…そうですね
教室のみなさんには「ぜひ遊びに来てほしい」と言ってましたよ
え、先生だけじゃなくて?

さぁ…？
他にもお目当ての人がいるのかも知れませんねぇ
フッフッフッ
若いっていいことですねぇ
ふふ…そういえばあの子意外に筋がいいんじゃないか？
ぁ 先生もそう思われますか
盆栽も仕事も恋愛もまだまだという感じですがね
ぶぇっくし！
そうさなぁ
人生も研鑽《けんさん》の途中彼女のこれからが楽しみじゃあないか
山本
山本

話が早い人には小刻みに
ゆっくりの人にはタイミングよく大きくうなずく、か…
カッ
カッ
「聞くことに注意する」って意識してたけど
結局私って自分のことしか考えてなかったかも…
うん
うん
友達とお客さんは違うもんね…
友達のことはよく知ってるし
小技じゃなく「相手を知りたい」って考えるとあざとくならないわよ♪

さっ
か〜えろっ♪

Chapter 5

相手のリズムを殺さず、話を深めていく

話の腰を折る聞き方は評価を下げる

雑談の目的には、相手の周辺情報を聞き出しながら、その人ならではの関心事を理解していくこともある。その際、アプローチとしては、図に示したＳｔｅｐ３内の４つが大きな流れとしてあるが、いずれにしても注意したいのは、相手のペース、話のリズムを壊さないようにすること。話の腰を折るような聞き方は、「なんだかやりにくい人だな」という印象を与えてしまう。

４章で紹介した相づちなら、ゆっくり話す人には話のポイントで深くうなずく、テンポよく話す人には小刻みにうなずくなど、相手のリズムにシンクロするように意識しよう。

「なぜですか」は相手を追い詰める

言葉を使った合いの手で典型的な悪手は、「なぜですか」というリアクション。相手が得意分野について話しているなら別だが、何気ない会話で用いると、話が止まってしまう場合がある。

相手「アメリカの大統領の決め方も変わってるよなあ」

あなた「なぜですか？」

相手「え？　……だってそう思わない？」

　世間話のつもりだったのに、こんな風に、相手を追い詰めてしまうことになるからだ。こういう場合、「確かに、日本と違ってお祭りみたいなところもありますよね」などと、共感しながら連想して、当たり障りなく話を広げるようなやり方が無難だ。

「そうですね」「なるほど」も、できれば避けたい。言い方にもよるが、相手によっては「コイツは聞いてないな」という印象を持たれてしまうからだ。せっかく話題を振ったのにスルーされたようにも聞こえるし、大事な話では「お前ごときにそんな簡単にわかってたまるか」といった反発心を刺激しかねない。

　次章で紹介するような聞き方を実践して、なるべく「そうですね」「なるほど」は減らしていこう。

雑談をしながら相手への理解を深める

Step1	●会う	➡笑顔と挨拶で「好印象」を作る
Step2	●自分から話題を振る （相手の話を引き出す）	➡季節、天気、業界ニュースなど、相手が話せる話題で話しかける
	●相手の話を聞く	➡相手から話を引き出し、情報を集める
Step3	●共感する	➡相手の感情に理解を示した聞き方のサインを出す
	●質問する	➡話題に沿った、その人の背景や価値観についての質問をする
	●相手のタイプを探る	➡相手の話し方、聞き方から、得意な会話パターンを探る
	●相手の興味を探る	➡相手が重要だと思っていること、関心を寄せていることを探る

会話は相手のペースで進めること！（話す３割：聞く７割）

好印象をプロデュース！雑談で使えるフレーズ集①

Column 5

さぞかし～でしょうね。○○しましょうか。

出会い頭のひと言は人の印象を大きく変える。心配りを自然に伝えられれば、それだけで好感度は倍増するだろう。例えば「さぞかし暑かったでしょうね」と共感し、「エアコンの温度を下げましょうか」と提案する。２つを同時に言葉にして、初めて心配りが表現できる。汗だくの人に対して「暑くないですか？」とだけ聞くのは野暮というもの。自分が行う具体的なアクションを提示してこそ、効果が発揮できるということを忘れずに。

よろしくお願いします！

開口一番のさわやかな挨拶は何より大切。まずは「はじめまして。○○と申します」と名乗ってから、「よろしくお願いします！」と元気に言ってみよう。初対面の人との会話に緊張してしまっても、笑顔は絶やさないこと。「よろしく！」とニコッとされて、相手に嫌な印象を持つ人なんてそうそういないものだ。これから会話を始めるための大事なステップの1つとして、日ごろから最初の挨拶のトレーニングをしておこう。

学生の頃は陸上部でやせていたんですけれど、今はこの通りです(笑)

会話の序盤では、まず適度な自己開示をしよう。要は、自分はこういう人間であると相手に伝えることだ。とはいえ、一方的に自分のことばかり長々としゃべったり、自慢話はNG。ほどよい気安さを生むような、軽い失敗談などを交えたい。自分のキャラクターや外見などを考慮して、意外性やギャップのある情報を盛り込むと、相手も魅力を感じやすい。このような何げないひと言で、場の空気が和んだり、会話が広がるきっかけにもなる。

雑談や商談で役に立つフレーズをまとめて紹介しよう。
感情を込めて言えるように、しっかり練習してから使うようにしたい。

すでにご存じかもしれませんが、○○をご存じですか？
先日、雑誌で読んだのですが……

雑談を盛り上がらせるには、下手な笑い話より相手の興味を引くことが肝心。まだ距離のある関係の場合はとくに、その人の役に立つ実用の知識を盛り込んだ方がいい。例えば健康に気をつかっている人なら、最新の健康法などに話題をふってみる。相手にとって初めて知る情報なら食いついてくるだろうし、もしも既に知っていたとしても話が弾むはずだ。こうした知識をいつでも提供できるように、情報収集をして備えておきたい。

家から出た瞬間、ザバーッと雨が降ってきまして……

人を引きつける話をするためには、テンポよくしゃべることが大切。オノマトペ(擬声語）を用いれば、リズミカルに表現できる。「大雨が降ってきた」ことを伝えるのにも「ザバーッ」のひと言が入るだけで、雨の激しさがイメージしやすくなる。さらに、言葉に合わせた身振り手振りが加われば、話の臨場感が一層増す。テンポよく雑談を繰り出すには、トレーニングが欠かせない。場や相手を変えて、反応を見ながら練習しておこう。

それはすごいですね。

いい相づちができるかで会話の広がりは変わる。話を聞いて、自分はどう感じたのかを伝える言葉を選ぶのがポイント。“さしすせそ”の相づち——「さ＝さすがですね」「し＝知らなかったです」「す＝素敵ですね」「せ＝センスがいいですね」「そ＝それはすごいですね」を使いこなそう。何より大切なのは言葉に情感を込めること。たとえば、「すごいですね」を冷めたトーンで口にすれば途端に皮肉な響きに変わるので、注意が必要だ。

何か特別なことをされているんですか？

こう切り出されると、誰でも悪い気分はしない。「いえ、別に特別というわけでもないんですが……」と、自分から話したくなるはずだ。重要なのは相手の欲求や興味を刺激するポイントに気づくこと。自分の好きなもの、こだわっているものについて語るとき、人の表情は自然に明るくなるので、変化をしっかり読み取ろう。そこで、このフレーズを使えば会話が広がる。まんざらでもない様子で、いろいろと語ってくれるに違いない。

どうしてそんなに○○なんですか？

相手に気持ちよく話してもらい、エピソードを引き出すためのもう1つのフレーズ。例えば、「どうしてそんなに謙虚でいられるんですか？」といった具合に用いる。前述の「何か特別な～」を使うときには勘を働かせなければならないが、こちらはその必要がない分、使い勝手がいい。ただし、直接的すぎるところもあるので、「下世話な質問ですみませんが……」と断りを入れて、ワンクッション置いた方が丁寧な印象になる。

先日、○○に行きました。
そのへんに、○○がありますよね。

相手との距離を縮めるのに絶大な効果を発揮する話題が出身地。地方出身の人が故郷の話をできる相手に出会うと、それだけでうれしくなるもの。好感度がアップして、一気に関係が深まることも期待できる。地域の名物や名所に関する知識を身につければ、大きなアドバンテージになるだろう。しかも、こうした話題は時事や流行モノと違ってほとんど劣化しないのがうれしいところ。各都道府県の地域ネタを使える武器として用意しておこう。

失礼しました。不勉強で申し訳ありません。
ぜひ、その違いをご教示いただけないでしょうか。

地方ネタを扱うとき注意したいのが、郷土愛の強い事柄や歴史的な因縁に由来するものなど。例えば、周りから見ればほぼ同じ地域でも「○○とは一緒にされたくない」というパターンも。地雷をうっかり踏んでしまった場合は謝るしかない。その上で、正しい知識の教えを乞おう。素直な姿勢がかえって好感を持たれる可能性もある。ただし、これが通用するのは若い人のみ。年齢の高い人は深入りせずに話題をズラすのがベターだ。

……うまか～！　失礼しました！
あまりにおいしくて、つい方言が出てしまいました(笑)

方言は出しどころが大切。感情が大いに高ぶったときなど、勝負どころで使いたいもの。実際に感情的になると、つい方言が出てしまうという人も少なくないはず。そんなときには、すぐに意味を説明すればいい。ふいに出る方言は本音と感じられるので、言われて悪い気分になる人はいない。むしろ人間味が伝わり、相手との距離が近づくかもしれない。無理して標準語に直す必要はない。生まれ育った土地の言葉を武器として大切に使おう。

そうか、だから先ほど○○とおっしゃったんですね。

話を上手に聞くコツはキーワードを常に意識すること。相手が何げなく口にした単語を記憶しておき、会話の合間にはさんでいくのが効果的。そうすると、「この人は真剣に話を聞いてくれているんだな」と安心感を持ち、信頼してもらえる。とくに押さえておきたい言葉は、話題の中心となる人や場所などの固有名詞、相手のルーツに関わる言葉など。表情が明るくなったり、自慢的なトーンが入ったときに出た言葉にも注意しよう。

え～、本当ですか！

使い回しができ、なおかつ効果抜群のフレーズがコレ。単純な驚きのリアクションとしても、興味を示す役割としても機能する。相手が楽しそうに話をしているときには、すかさず「え～、本当ですか！」の合いの手を入れたいもの。最初の「え～」に驚きや喜びの気持ちを込めて、一瞬間を置くのがポイント。反応を大きくしたいときほど、目を見開いて大げさに表現しよう。自然に使いこなせば、相手もどんどんギアを上げてくれるだろう。

勉強不足で恐縮ですが、今おっしゃっていた○○とは、どういうものなんでしょうか？□□のようなものなのでしょうか？

雑談していると、自分が全く知らない話題になることもある。そこで、知ったかぶりをしてやり過ごそうとしても、相手には伝わるもの。わからないことがあれば、素直に聞くのが正解。ただし、「○○って何ですか？」だけの問いでは無知な印象を与えてしまう。言葉を選んで丁寧に質問するのはもちろん、自分なりの解釈や意見をつけ加えよう。そうすれば、話を理解しようとしているという能動的な姿勢が伝わり、誠実さを印象づけられる。

つまり例えるなら、○○のようなものでしょうか。

こちらの質問に相手が答えてくれたときには、真剣に耳を傾ける姿勢を見せたいもの。話を聞きながらメモをとったり、「○○ですか」とオウム返しするのもいいだろう。最後に、このようなたとえや置き換えなどを使って、自分なりの要約で応えられればベスト。こうして改めて尋ねることで、自分の理解の度合いを伝えられる。さらに、このひと言で頭の回転の早い人、話をきちんと聞いてくれる人といういい印象を持たせる効果もある。

Chapter 6

雑談のリズムとムードで本題に突入する

雑談がいつの間にか商談に……。
それが雑談の理想だ。相手のニーズを聞き出しながら、
さりげなく仕事の話につなげていく聞き方、
切り出し方を見ていこう。

いらっしゃいませ
ありがとうございました
よぉし！
今日も頑張っていくか！
じゃあね行ってきます
郵便局
NETWORK
田島さん！おはようございます
おはよう

おはよう ございます 山本さん
須山君 おはよ〜
あっ それ新しい ネクタイ？
ええ 弟が買って くれたんですよ
えっ 弟さんが？
聞き方のポイント①
おうむ返し：相手が言ったキーワードやフレーズを繰り返す
はい！ この間、僕の 誕生日だったんで
へぇ〜 弟さんが 誕生日に ネクタイ 買ってくれたの マメで優しい 弟さんだね
聞き方のポイント②
要約：相手が言ったセンテンスを自分の言葉で言い換える
いや〜これ シルクなん ですよ？
結構 高かったんじゃ ないかな
じゃあ 頑張って 節約して くれたのかな？
聞き方のポイント③
連想：相手の言葉から連想した言葉で話題を膨らませる

無理すんなって言ったんですけどね
休みの日に銀座とかのお店を回ってくれたみたいで…
あ～嬉しいよねそういうの
聞き方のポイント④
共感：相手の感情への理解を口に出す
…というかなんだか今日の山本さんていつもと空気違いますね
え
そ、そう？
だっていつもはこういう話題なんて振ってこないじゃないですか
えー？そうだっけ？
…井出さんが練習につきあってくれたおかげかな…

ふうん…
盆栽も意外に奥が深いのねぇ
そうなんですよ！
この間もびっくりしたことがあって——
STOP!
はい、そこまで
まぁこんな感じかな？
え…あ！はい！
練習でした…
麻美ちゃんの話のテンポに合わせて相づちを打ったり
話の内容や気持ちに寄り添う聞き方をしてみたの
どうだった？
すごい楽しくて…聞かれてないことまでいろいろ話したくなっちゃいました…
お手本だったんだ…
でしょう？
根掘り葉掘り尋ねるんじゃなくて
話したくなるようなムード作りが大事なのよ

ムード作りか…意識したことなかったよな…
それにしても兄思いのいい弟さんだね
まああいつもようやく兄貴のありがたみがわかってきたんでしょうね！
はっはっはっ
でも珍しいね社会人になっても家族でそんなに仲良しなんて
そうなんですか？うちは父がそういうのに憧れてるらしくて昔からよくプレゼントを贈りあってましたねぇ
ああお父さんの夢だったんだ
ええなんでも若い頃に――
はいはいお2人さん
パン
聞き方のポイント⑤
価値観を問う：人生の背景や大切にしているものを問う質問で相手の話を掘り下げる
朝から無駄話ばかりしてないの！
パン
パン
仕事して仕事！
いい感じよ♪

おかげさまで♪
ちょっと自信ついてきたかも…
あとはお客さんともこんな風に話せれば…
郵
…あっ
この間のお客さんだ…
ちょっとねえ この間の続きなんだけど いいかしら…？
発券機
はい！
伺います！

…確かに
旦那様の定年後は生活費が心配ですよねぇ…
そうなのよー
結局、何歳まで生きられるかもわからないっていうのがねえ
あ、それなら保険といってもこういう終身型の方がいいかもしれないですね
やっぱりそう思う？
一応いくつか種類があるんですが…
何が欲しいかを詳しく尋ねてもダメなんだ…
お客さんが何に興味があるのかを読み取らないと——
ん〜
そうね〜
じゃぁ主人に相談してまた来るわね
はい お待ちしてます

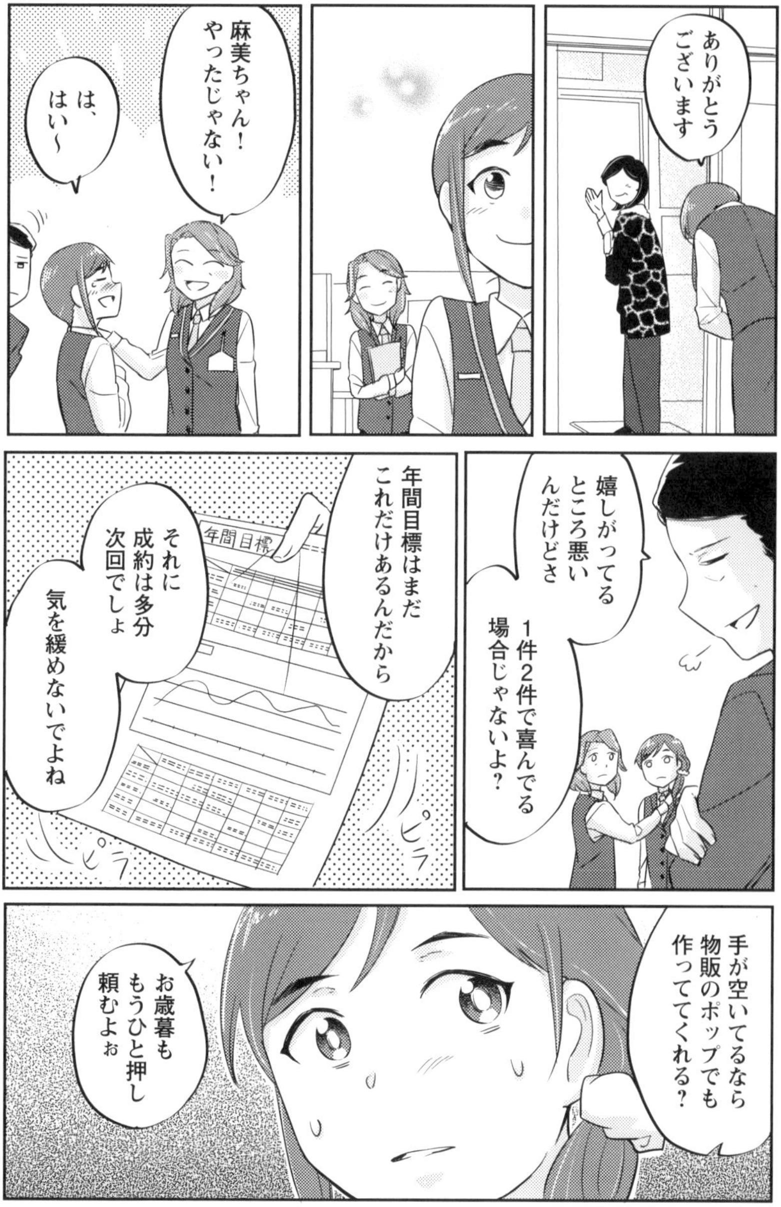
ありがとうございます
麻美ちゃん！やったじゃない！
は、はい～
嬉しがってるところ悪いんだけどさ
1件2件で喜んでる場合じゃないよ？
年間目標はまだこれだけあるんだから
年間目標
それに成約は多分次回でしょ
気を緩めないでよね
ピラ
ピラ
手が空いてるなら物販のポップでも作っててくれる？
お歳暮ももうひと押し頼むよぉ

……
ん〜〜〜〜〜‼
2017
ラッキー
今年のお
イチオ
はぁ…
週末
ボソ…
あーあ
嫌味ばっかりかぁ…
？
どうしたの？
いえ、
何でも…

それよりも前から思ってたんですけど岩本さんていつもお元気ですよね
ん？そう見えるかい？
まあ確かに風邪はあんまり引かないかな
うらやましいです何か特別なことをしてるんですか？
そんな…食事と運動に気をつけてるくらいだよ
話題を振ってあとは聞き役に集中する…
でもいいんだ
食事と運動ですか？
うん根菜は体を温めるっていうからさ…
雑談のコツなんだか少しわかってきたから…
…

その盆栽
ポールの新作？
それ素敵な作品になりそうね
えと… I like it. かな！
Thanks.
(どうも)
こっち
こっち
ポールの奴2人にやきもちを焼いてるんですよ
さっき楽しそうに話してたのを見たから…
え
えぇ〜〜っ?

その次の週末
ポールが私をねぇ…
一応いいことが続いているってことかな…？
モテ期キタかも…
くね
くね
あのお客さんも無事に保険に入ってくれることになったし
律子たちも昨年より多めに年賀状買ってくれるっていうし
あとはあの人だけなんだよなぁ…
なにかね
こんにちはー
あれポールは？
あ、ほんとだいないね遅刻？
ポールがお休み…？
珍しい…

えー…ポールは風邪を引いてひどい熱があるそうで今日は休むそうです
風邪? どうしたの?
それがですねぇ
「川の中州に取り残された子猫を助けようとしてずぶ濡《ぬ》れになった」だそうです
子供のいたずらかねぇ…?
理由が実にポール君らしいな「お大事に」と伝えておいて
はい
ははは
ポールのこと心配ですか?
あ、いえ…別に…
大の大人ですからね
1、2日も寝ていれば大丈夫とは思いますが…
サラ
サラ

はい
山本さん
駅前の
マンスリー
マンションの
5階です
あったかい
おかゆでも
作ってあげて
ください
!
う
あ
はい…
…あの
坂口さん
1つ聞いても
いいですか?
はい
なんでしょう?
どうして私に
よくしてくれる
んですか?

いえ あの…
なんとなく気になっただけで…
…雑談のときは「どうして」はあまり好ましくない言葉なのですが…
げ
でも…
そうですねぇ
少し私の話をしましょうか
私は元々は大きな商社に勤める会社員でした
成果がそのまま評価につながる世界で私は馬車馬のように働いていたんです
当時の私はなんというか…
余裕がなくて自分にも他人にも厳しい人間でした
言ってみれば「イヤな奴」だったんです

一流を気取って成果を追い求めて…
仕事に没頭するあまりに
仕事でも私生活でも人とのコミュニケーションをないがしろにしていたんです
気がついてみれば
私の周りには誰も寄りつかなくなっていました
仕事の部下も
仲がよかった友達も
大切な家族も…
そのうち私は体を壊してしまって仕事も辞めてしまいました
重永先生と盆栽に出会ったのはその頃です

盆栽は狭かった私の世界を広げてくれて
先生との会話は他人の心と静かに寄り添うことの大切さを教えてくれました
だから山本さんにも
人とわかり合う喜びを知ってもらいたかったんです…
初めて会ったときはかなりムスッとしてましたからね
山本さんポールの言う通り
あなたには笑顔が似合います

その気持ちを大切にしてくださいね
坂口さん ありがとうございます…
…ポール

Chapter 6

ひとりでに会話が広がる聞き方をする

相手の「話したい」気持ちを解消させるために聞く

相手が振ってくれた話題を広げようとして、自分の知識や経験などの新たな情報をつけ加えて盛り上げようとする人がいるが、その必要はない。というかむしろ、相手は気持ちよく自分の話ができなくて、フラストレーションを感じてしまう場合がある。

相手「最近、運動をしようと思って、自転車を始めました」
あなた「ああ。運動なら私はフットサルですね。先週も……」

こんな受け答えをすると、相手は「もっと話したいことがあるのに、話題を変えられた」と不愉快になってしまう。好印象を残したいなら、相手の「話したい」という気持ちを十分に解消してあげるつもりで、聞き役に徹するようにしよう。

相手の背景を深掘りするために聞く

そのために効果的なのが、左下に紹介したような聞き方。手始めにトライしやすいのは「オウム返し」

で、方法は単純だが、かなり強力だ。慣れてくると、自分が聞きたい話題の方に話を広げていけるようになる。

例えば、相手が「猫を飼うために新しいマンションに引っ越しました」と言ってきたとする。「えっ？　猫ですか？」と返せば、話題はどんな猫を飼うことにしたのかになる。「えっ？　新しいマンションですか？」と返せば、マンションの立地や間取りの話になる……という具合だ。

また、相手の人間像をしっかり理解するためには、バックグラウンドを深掘りしていくような聞き方も重要。家族や子供の習い事や誕生日など、仕事ではいきなり話題にしにくいテーマも、相手が話を振ってくれたときなら、自然と話してもらうことが可能だ。こうした重要な情報は、「ここぞ」というときのために、ぜひメモしておきたい。

相手がもっと話したくなる言葉を挟む

	【例】	
オウム返し （キーワード・フレーズを繰り返す）	相　手「この間、家族と北海道の洞爺湖に行ってきました」 あなた「へぇ、洞爺湖ですか……」	➡ オウム返ししたフレーズを起点にして、話が膨らんでいく
連想 （相手の話に少しつけ加えて質問する）	相　手「この間、家族と北海道の洞爺湖に行ってきました」 あなた「へぇ、洞爺湖ですか。キレイでしたか？」	➡ 質問の内容を起点にして、話が膨らんでいく
要約 （たとえやまとめを交えながら内容を確認する）	あなた「へぇ、洞爺湖ですか。キレイでしたか？」 相　手「はい。早朝の湖は、これまで見たこともないような、不思議な感じがしました」 あなた「ああ、つまり神秘的な風景だったのですね」	➡ 伝わっていることが相手に伝わり、安心して話を続けることができる
バックグラウンドや価値観を探る （相手の思いを深掘りしながら聞く）	相　手「この間、家族と北海道へ旅行に行ってきました」 あなた「えっ、北海道にご家族と？　いつもお忙しそうにされているので、ちょっと意外でした。休日も活動的でいらっしゃるし、ご家族との時間も大切にされているんですね」 相　手「ええ。やっぱり家族との思い出は多い方がいいですから。計画は大体妻に任せてしまうんですけど、できるだけこういう機会は大事にしてるんですよ」	➡ 仕事相手の「家庭」にスポットを当てることで、新たな一面（好みや価値観など）が見えてくる

相手を商談モードにせず商談に入ろう

Column 6

　雑談の目的はあくまでもビジネス。だが、ひとしきり雑談が盛り上がったから大丈夫だろうと「ところで、本日は……」「それで今日なんだけど……」などと本題につなげてしまうようでは、せっかくのリラックスしたムードが台無し。相手は「ほら、きた！」と警戒モードに入ってしまう。

　あくまでも雑談の流れのまま、仕事の話題にも入りたい。そのためにも、雑談に登場した関連ワードから、「今のお話で思い出したのですが……」「お話を伺っていて、お力になれると思ったのですが……」「実は私どもも同じことを考えておりまして……」などと、自然に仕事の話題につなげていくようにしよう。

　あくまでも「雑談からヒントを得た体」で振る舞うのがコツ。そこで、相手に雑談を振るときは、逆算して、本題（売りたい商品）から連想するキーワードが引き出されるようにする。例えば、新しい人材紹介のWebサービスを紹介したいなら、そこへ話題が膨らみそうな「いい会社」「人材を育てる」「すぐに見つかる」「低コスト」などのキーワードを胸にしまっておく。すると、

あなた：○○社長、相変わらずお忙しそうですね！

社長：いや、実は経理の子が急に辞めてしまって、いろいろ対応に追われてるんですよ

あなた：人の入れ替わりって大変ですよね。すぐに新しい人が欲しいけど、いい人を探すのには時間がかかるし……

社長：そうなんだよねぇ

あなた：そういうお声が多いので、こんなWeb人材紹介サービスを……

　というように、ピンときた相手のフレーズから、自然に本題に入っていくことができるのだ。

Chapter 7

2度目の雑談で
さらに距離を縮める

「2回目は話題に困る」という人は、「何のための雑談か」を思い出そう。相手に自分を好きになってもらうには、まず自分が相手を好きになり、それを行動で示すことが大切だ。

ここのはず…なんだけど
あ、あった!
ポール・レッドヤーズ
ピィン
ポーン
家で寝てるはずって坂口さんが言ってたけど…
ガチャ
…ポール?
いるの?
ニャー
おじゃましまー…
ポール!
!
Mami?
何やってるの! 寝てないとダメじゃない

イラッシャイマセ…
ズビビ
もう！そういうのいいから！
cool...
…すごい熱…
病人は寝てなさい！
バサァ
ゴートゥーベッド！OK!?
フー
どう？おいしい？
オイシイデス…

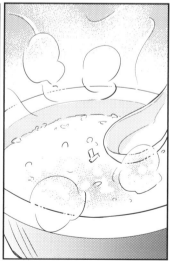

ザァァァ
ザァァァァ
キュ…
キュ…
ゴロ
ゴロ
この子がポールが助けたっていう…
…お前も何とかしてあげないとね
…
ポール…いつまで日本にいられるんだろ…

郵便局
道予西
道予西 郵便局
ポール…もうよくなったのかな
すごい熱だったから今日はまだ寝ていた方が…
あの…先月の物販の数字です
ん
今日もこの後行ってみようかな…
山本君君はどう思う？この数字
え
去年よりは伸びてますし悪くはない、かと…
ふーん…
ペシ
あのさ、メンバーは変わってないんだから成長してるなら数字は伸びて当たり前よ？
はあ…
この程度で満足されてちゃこっちが困るんだけど
す、すみません
頼むよホント期待してるんだからさ
はい行っていいよ

…嘘ばっかり！
ん〜
なかなか攻略できないわね
え
局長のことよ
麻美ちゃんお客さんとはかなりいい感じでお話できるのにねぇ
ああ
そういうことですか
今までの関係もあるから照れくさいかもしれないけど
思い切って変えていかないとダメよ？
…でも変えるっていってもどうすれば…
「おはようございます」って明日から笑顔でやってごらんなさい
私からですか？向こうが上司なのに…
もちろんよ
どんな仕事でも人に好きになってもらうって大事だと思わない？
それは…そうですけど
井出さんちょっと
は〜い

…好きになってもらうって言ったって
それは難しいよぉ…
ポン
ま〜みちゃん！
ごはん食べに行かない？
私には井出さんみたいに誰とでも笑顔で接するっていうのは難しいです
それが井出さんの凄腕の秘密っていうのは理解できますけど…
そう…？心がけ次第かしらねぇ
…心がけ？
私はね、どんなお客さんや仕事仲間に対しても
「よし、私は絶対にこの人を好きになるぞ」って言い聞かせることにしているの
チュルル
好感度は出会った瞬間に決まるっていうけれど、
実際にその人がどんな人なのかはやっぱり話してみないとわからないじゃない？
まぁ…はい

だからどんなに向こうの印象が最悪でも「私はこの人を好きだ」「尊敬している」って思うようにしているのよ
…自分の好感度は気にするべきだけど相手に求めるものではないってことですか？
「この人はできてないなぁ…」なんて思い始めたらキリがないよ？
まあ、実際にそんなに嫌な人はごくたま～にしかいないけどね
？
ふふっ
モグ
モグ
考えてみて？
「好き」って思っている人ならいろんなところを褒めたくならない？
何が趣味とか昨日の休みは何をしていたとか
好きならどんな話だって「え？ 本当なの？」って心から言えるじゃない
OK!!
…なんとなくわかります

相手のことが好きなら
仕事のことだって
「欠点や弱点を隠してでも
商品を売りつける」なんて
なりようがない
「困ってるなら
助けになりたい」
っていう気持ちが
先に来るはずよ
そうしたら
その人の
好みだって、
自然に
覚えちゃう
わよね
話題に困ること
なんてない
わけですか
そうね！
好きな人の
話ならずっと
聞いていられる
もの
例えば食べ歩きが
趣味の人なら
私は「最近はいいお店
見つかりました？」
なんて聞きたくなるわね
…さすがですねぇ
はー…
もし好きなら
会話しながら
「心ここにあらず」
なんてことには
なりようがないし
うっ…
じゃあね～
ごちそうさまでしたっ
先に好意を態度で
示す、か…
…とりあえず
やってみよう
やってみないと
わからない

翌日
局長!
おはようございます!
パアアア
…?
あ、あぁおはよう
山本君あのさ…
はい!
…いや、いいよ
ふき
ふき
局長、その焼き物はどういうお品なんですか?
なんだね急に…
前から思ってたんですけど、すごくキレイですよね~
…君にモノの価値がわかるわけないだろう
ぐっ…やっぱり手ごわい…
ビャー!!!
この猫どうしたんだ?
カワイイ~

でも…
好きな相手なら話題を合わせるなんてなんでもない！
い、いえ 私も最近和風の文化に興味がありまして…
ははっ 君が盆栽だってぇ？
はっはっは
ええ 私も最近落ち着いた雰囲気が気になってるんですよ
局長って笑うんだ…
まあ これは砥部焼《とべやき》といってだねぇ 江戸時代のものだよ
いやあ掘り出し物だったよ
へぇ～ 目の付け所がさすがですね！
んん～？ 下手なおべっかはいらないよ
いえ 伊万里焼とかはさすがに有名ですけど 本当に自分の目で選んでいる人のセレクトなのかな…と
君ぃ～ わかってるね～
そうなんだよ 確かに伊万里焼は僕にはちょっとなあ… みたいなところがあるわけよ

いいかい？
そもそも
焼き物という
ものはだねぇ…
コト…
山本君
これ
頼むね
あ、
はい
じゃあ
よろしくね
今日中が理想…
なんだけど
ま、明日の
昼まででいいや
いつもなら絶対に
ひと言あるのに…
そうか…
好意って返って
くるものなんだ
人を好きになる…か

ポール君が来週アメリカに帰るそうで
突然だけどみんなと会うのは今日が最後です
ひと言あいさつしたいそうだ
じゃあポール君
ミナサンホンタ…
ホントニアリガトウゴザイマシタ
ト、テモ
タノシカッタデス
Americaにカエッテモ―
じゃあねポール！
メールするからね～
ポール…やっぱりアメリカに帰っちゃうんだ…

Mami
This is for you!
（これを君に！）
え？
ええ？
ポールがここで最後に取り組んでいた作品です
あのこれは…
山本さんがイチョウを好きとは知りませんでしたが
さすがポール！山本さんのことをよく見てますね！

えっと…ありがとう
——嬉しい…
誰かが見ていてくれるって…
Thank you very much, Paul.
(本当にありがとう)
こんなに嬉しいことなんだ……

I've come to love Japan more because of you.
(君のおかげで日本がますます好きになったよ)
Thank you so much for everything.
(本当にいろいろありがとう)
I believe we'll definitely see each other again.
(絶対にまた会おうね)
チューしろよチュー
キースキース
きゃ
せめてハグをっ

…
井出さん 井出さん
山本さん どうしちゃったんですか？
ああ あれ？
ポールロスよ ポールロス
ありがとうございましたー
…なんですか？ それ…
盆栽教室で いい感じになった ポールって人が 国に帰っちゃったんだって
猫局長

なんだか最近張り合いがないなあ…
ドスッ
ポールから特に音沙汰もないし…
小包ですねお届け先は国内でよろしいですか？
らっしゃっせー
じゃー
コクガイでお願いシマス
ポール!?
と、坂口さん！
Hi, Mami! What have you been up to?
(麻美！ 何してた～？)
こんにちは～

どどどどうしてポールがここに…
ポールは仕事を辞めてこっちで英会話教室を開くことにしたんだそうです
You're gonna be my first student, Mami.
(君が生徒第1号だから)
あはは…
そうなんだ…
…うん
またよろしくねポール

おわり

Chapter 7

相手の情報を蓄積しながら距離を縮めていく

2度目の雑談は前回の続きから入る

初対面のときは自己紹介や出身地などでなんとか場をつないだが、「2度目の対面で話題に困る」という人は多い。そういう人は、前回の続きから話を始めるようにしよう。

前に話したことを覚えているのは、「あなたに興味があります」という大きなサイン。例えば、「この前、○×デパートで（相手の出身地の）北海道の物産展をしているのを見かけました。美味しそうな食べ物がたくさんありました」のように切り出せば、普段から相手のことを気にかけていることもさりげなく伝わる。自分に興味がある人のことを人は、なかなか嫌いになることはできないもの。自然と「よく計らってあげよう」という気持ちも芽生えてくるのだ。

相手をメンターにして喜びを伝える

「この前、教えていただいた○×ですが……」と、相手をメンター（先生役）に見立てた切り出し方も好印象。「先日、教えていただいた映画、早速借りて観ましたが、とても面白かったです」「この間教えていただいた○○、調べてみたら本当に仕事で役立ちました」などと、喜びとともに伝えると悪い気はしない。そこからまた話題が生まれ、話が弾むはずだ。

ただし、心がけたいのは、「私はこれから会う人を好きになるぞ！」という自分の気持ち。テクニックに走ると必ず見透かされてしまう。あえて「好きになろう」と意識し、その気持ちを上手に表現する方法を考えよう。

好意には返報性があり、好意を示した相手に対し、人間は好意を持つ習性がある。なかでも「相手の話をしっかり聞く」というのは、1円もかけずに相手への好意を態度で示せる非常に有効な手段。相手には、「話を聞いてくれたのだから、向こうの話も聞いてやろう」という気持ちが生まれ、最終的にこちらのプレゼンテーションにつなげていくことが可能になるのだ。

「相手を絶対好きになる！」と思うから雑談が成功につながる！

雑談の心がけ

×

- 「テクニックで会話をうまく運ぼう」
  「相手を上手くコントロールしよう」

↓

- 相手のタイプを意識し、攻略法を探ろうとする
  相手と契約する、相手に買わせることがゴールになる
  「もらうこと」「受け取ること」が目的

↓

- 初めから見返りを求めていることが見透かされ、その案件だけの関係で終わる

↓

- 新規の相談、新しいニーズなどの相談が来ない
  （「別に、この人でなくてもいい」と思われてしまう）

○

- 「相手を好きになろう！」
  「いい人間関係を作ろう」

↓

- 相手のタイプを意識し、長所を見つけようと思う
  相手を知り、良好な人間関係を結ぶことがゴールになる
  「あげること」「与えること」が目的

↓

- 「好意の返報性」により、相手も自分を好きになる

↓

- 「こういう仕事はできる？」などと新しい相談（商談）が来る！
  （「この人と仕事をしたい」と関係を継続したい気持ちが生まれる）

Column 7

好印象をプロデュース！
雑談で使えるフレーズ集②

私の理解の間違いがないように、今のお話を確認させていただいてもよいでしょうか？

相手の話がとっ散らかって、理解できずに困るというケースはけっこう多い。そんなときはこのように切り出し、図を示しながら確認するといいだろう。まずは、話のポイントを見つけて図式化。図を埋めながら、相手の話の不足しているところやわからない部分を質問するということを繰り返せば、全体を理解できるはずだ。「確認させてください」という言葉だけでは失礼になりかねないが、図が間に入ることでクッションにもなる。

今の話で思い出したのですが……。

雑談から本題へ入るときはそれまでの和やかな雰囲気を壊さず、自然な流れで持っていくのがポイント。「お話をうかがっていて、お力になれるかと思ったのですが……」とするのもいいだろう。たいていの人はいよいよ交渉事の目的が達成できるとなると、とつい力んで「ところで、本日は……」などと言いがち。そういう間を作ると、会話の流れが断ち切られてしまう。ふいに緊張感が生まれ、相手に警戒心を抱かせやすいので要注意だ。

今日はぜひお話ししたいことがありまして……実は～

大事な話をするときは、逆に間を置くことが大切。具体的には、要件の前に0.5秒くらい。軽くうなずく程度のほんのわずかな時間だが、効果はとても大きい。間を上手に使えれば、聞き手の注意を高めて、引きつけることができる。とりわけ、雑談をテンポよく進めていた後に、これを実践すれば効果的。会話に緩急が生まれ、相手の目と耳が自然に傾けられる。ここぞという重要なシチュエーションでは、意識して間を使いたい。

雑談や商談で役に立つフレーズの続きを紹介していこう。
自分なりに応用を加えて、使えるシーンを広げていくといいだろう。

ポイントは○個あります。

本題の入り口として、おすすめしたいフレーズ。このひと言で場の空気を保ちながら、主旨を正確に伝えることができる。前もってポイントを予告されると、聞き手は理解しようとする準備を始め、思わずメモを取ったり、話に聞き入る。話し手にとっても、自分で最初にこう伝えることで、「○個しか言えない」という制限がかかり、話が脱線しなくなるというメリットがある。スピーチなど、人前で話す場面でも簡単に使えるテクニックだ。

うかつでした！

意見の食い違いが起きて、不意に相手から反論を受けたときは、「うかつでした！」と受け流そう。仮に自分の意見の方が正しいと思っても、相手の主張を呑み込み、矛を収めること。自分の得意分野について、相手から突っ込まれたときは「お言葉ですが……」などとつい論破したくなるものだが、むやみな争いは不要。とくに商談の場面では、妥協するのが得策。深追いをしないで、話題をずらすのが正しい対処法と言えるだろう。目的を忘れないように。

いや～すみません。お食事も魅力的ですが、今日は○○さんのお話だけでお腹がいっぱいになってしまいました。大変残念ですが、ぜひ次の機会にお願いします。

誘いを断るのはかなり難易度が高い。仕事上の付き合いともなれば、気軽に断れない場面も多い。例えば、食事に誘われたけれど都合がつかないときは、このような具合に断ってみよう。ポイントはそれも魅力的だけれど、もっと魅力的なものがあって満足してしまったというニュアンスを出すこと。表情や口調で、「本当はそうしたいのですがすみません」といった雰囲気を表すのも大切。“かわいげ”を感じさせる断り方を心がけよう。

○○さんがそうおっしゃるなんて、よっぽどなんですね。

相手がグチや不満をこぼすのは心を許している証し。うまく対処できれば信頼関係が深まる。一方で、対応を間違えると泥沼に陥る可能性も。スタンスとしては、相手の不満に寄り添いながらも深入りしないのが正解。このようなフレーズで聞く姿勢は見せても、相手と相手の不満の矛先のどちらも決して批判しないこと。相手をフォローするような言い方に徹しよう。よき理解者としての印象を相手に与えられれば、それ以上踏み込む必要はない。

それはすばらしいですね。
ただ、ふと思いついたのですが……。

たとえ相手の意見が明らかによくない場合でも、真っ向から反論してはいけない。「そうではなくこうだ」と正論を振りかざしたところで相手が再考してくれるとは限らないし、むしろ好感度はダウンする。「ふと思い浮かんだ」というトーンで、自分の案をさりげなく伝えよう。「せっかくご意見いただいたのに、こんなアイデアが急に浮かんでしまってすみません」というポーズを忘れずに。いかにも困っている様子で伝えるのがポイントだ。

ごめんなさい！　○○ですか？

話の展開を変えたいときにはオウム返しが有効。相手から情報を引き出し、次の展開を考える時間を稼ぐこともできる。大切なのは、「ごめんなさい」を必ず先に言うこと。続けて、なぜ話を止めたのかという理由を述べていく。ここで、自分の話をしたくて止めたと受け取られないように気をつけよう。相手からどうしても聞きたいことがあって止めたという流れが必要だ。このフレーズをうまく使えば、雑談と本題を結びつけやすくなる。

いや～さすがだな、その視点はなかったなぁ。

人の話を聞くときは、目線を相手の顔に向け続けるのが基本。ただし、褒めるときだけは視線を外す方が効果が上がる。相手から感動するような言葉をかけてもらったり、ためになることを教えられたりしたときには、「さすがだなぁ」とつぶやくように感想を言おう。そこで敢えて目線を逸らし、天井や宙を見たり、首を傾げたりするのがポイント。相手はポロッと本音が出たものだと受け止め、一気に関係が深まるはずだ。

ファンになっていいですか？

始まりと同じくらい、結びの印象は大切。よい終わり方をすれば、次に会うときはもっと距離が縮まっているはずだ。そこで、必要なのは相手をメンター（師匠）にすること。「今日はありがとうございました。人生の師として、引き続き教えを乞わせてください」と思いを伝えよう。相手の発言のどこに感動したのかを具体的に伝え、また教えてほしいというお願いをして、このフレーズで結べば相手に強い印象を与えられるにちがいない。

この前、教えていただいた○○、
さっそく試させていただいたのですが……

２度目に会うときは、１度目に話したことに必ず触れる。その際、前回に聞いたことをふまえて、どうアクションしたのか、体験して何を感じたのかを伝えるのがポイント。中には、話した内容を忘れている人もいるかもしれないが、喜んだり、満足してくれている姿を見て悪い気分にはならないだろう。さらに、「また教えていただいてもよろしいですか？」のひと言を添えれば完璧。相手と継続的な関係を築いていきたいという意思表示ができる。

○○さんもお越しになるようです。

敬語は使い慣れていないと、ボロが出やすい。例えば、本人がいないところで話題にする場面では「○○さんも来るみたいですよ」などと言ってしまっている人も多いのでは。敬語を使いこなせていないと、幼稚な印象を与える。正しい敬語が使えているか、自分の話し方のクセをチェックしよう。さらに普段使っていない人が敬語を使うと、意識しすぎて、ぎこちなくなりがち。敬語がスッと出てくるよう、日ごろから練習しておきたい。

❈

最近どうされているかなと思いまして、つい気になって電話してしまいました(笑)

電話が苦手という人は少なくないようだが、使い方次第では相手との距離を縮めやすい便利なツール。しばらく会っていない人に電話をかけるときなど、対応の仕方次第で好感度が一気にアップする可能性も。基本的なスタンスは「相手のことが気になって」の電話とすること。近況を尋ねるなどして、長年の友人であるかのようなトーンで話すのが理想だ。なにも長々と話す必要はない。ちょっとしたコンタクトの積み重ねを大切にしよう。

❈

先ほどはお電話に出られず、大変失礼いたしました。いかがなさいましたか？

電話がかかってきて出られず、折り返しする場合、「お電話いただいたようですが……」と言葉を濁してしまうのはNG。「申し訳ございませんでした」などの枕詞を忘れずに。声のトーンを上げて、はっきりとしゃべることを心がけよう。留守電があった場合は聞いたことを伝える意思表示も大切。「留守番電話の件、確認いたしました」などの言葉を添えるといいだろう。さらにメッセージを復唱すると、要件をきちんと確認できる。

実践!

今日からできる雑談力アップの簡単トレーニング

雑談力を高めるための練習方法を紹介しよう。
雑談力は一朝一夕で身につくものではないが、誰でも高めることはできる。
対人関係が作りやすくなれば、出会いもチャンスも、
どんどん広がっていくはずだ。

Level 1　エレベーターで「何階ですか?」

知らない人にいきなり声をかけるのは勇気が要るもの。まずは身近なところから、エレベーターで一緒に乗り合わせる人がいたときには「何階ですか?」と必ず声をかける習慣をつけよう。ドアの入口側に立っておき、答えを聞き出し、ボタンを押すという簡単な所作だ。既に実践している人は何の問題もなくできるだろうが、慣れない人は声が小さくなりがち。普段より大きな声、高めのトーンを心がけるといいだろう。同じビルで働く見知らぬ人たちを自分のファンにするくらいの強い思いを持って、好感度の高い声のかけ方を練習しよう。

Level 2　会計のときに店員さんと会話

買い物や外食を終えたときに、ほとんどの人は「ありがとう」「ごちそうさまでした」くらいなら言えるはず。雑談力を高めるにはもうひとひねり。お店の人が思わずうれしくなるようなひと言をかけよう。例えば、食事の後は「○○の味がとても気に入ったので、また来ます」と具体的な料理名を挙げたり、お土産を買ったときには「これを忘れて帰ると、家族にこっぴどく叱られます(笑)」などとユーモアを交えたり。何げなく相手を喜ばせるひと言は大事な場面で使おうと思ってもなかなか出てこないもの。日ごろからの心がまえが大切だ。

Level 3　店員さんをスマートに呼ぶ

発声の仕方にも気をつけたいもの。よく通る声を身につけるには、混雑したファミレスなどで店員さんを呼ぶトレーニングがおすすめ。よく通る声を出すには、鼻の奥や口の中に共鳴させるのが第一。まず、口を閉じたまま鼻声で音を出してみよう。次に、あくびをするような感じに喉を開いてみると、同じ強さの鼻声でも大きく響いて聞こえることがわかるはずだ。それは口の中の空間が広がり、音がより大きく共鳴するから。この発声をマスターすれば周囲に水を差すような大声を張り上げなくても、スマートに店員さんを呼べるようになる。

Level 4　アウェイのパーティに参加

経験値を上げるために、場数を増やすことも大切。異業種交流会のような互いをよく知らない人と会話する場をたくさん持ちたい。いろいろなタイプの人たちと触れ合い、場数を踏めば踏むほど、雑談力は確実に向上していくはずだ。自分の力試しにもってこいなので、アウェイのパーティや飲み会にはどんどん参加しよう。そういう機会を持てない人は、「行ったことのない美容院に行く」「初めてのバーに行く」などでもかまわない。自分とはバックグラウンドが異なる人とコミュニケーションするトレーニングを習慣化しておこう。

Level 5　苦手な人との雑談に挑戦

コミュニティ内の嫌いな人と雑談することも効果的。職場などで苦手と感じる人がいれば避けてしまわず、あえて自分から話しかけることにチャレンジしよう。人のことを「苦手だな」と思うと、相手もこちらを「苦手だな」と感じてしまうものだ。苦手な人がいるのはある程度仕方のないことかもしれないが、対話しようとする姿勢を放棄してはいけない。相手を好きになろうと努力し、相手にも自分を好きだと思ってもらおうと働きかける流れが大切。人との接し方を見直すいい機会になり、環境改善にもつながるかもしれない。

Level 6　ウケる社内スピーチを披露

質の高いアウトプットのトレーニングは重要。最初は友人との雑談で十分だが、少しずつ慣れてきたところで場所を移してみよう。朝礼など社内でスピーチする機会がある場合は、積極的に活用したい。いろいろな情報をインプットして、いいネタを選び、どう伝えればウケるのかを考える作業が大切。まずは友人と食事でもしながら、ネタを披露して「なるほど、この部分がうまく伝わらないんだ」と表現や話し方を微調整。わかりやすくコンパクトにまとめよう。社内でのプレゼンテーションが成功すれば、大きな自信になるはずだ。

Level 7　“謎かけ”のトレーニング

雑談を盛り上げるには、たとえ話が欠かせない。うまく使えば、わかりづらいニュアンスが伝えられたり、笑いを倍増させることもできる。そもそも、たとえ話とはAというものから連想されるキーワードを抽出し、それを全く別のBの要素とかけ合わせること。要は共通点を探して、つなげる連想ゲームのようなものだ。その練習に最適なのが、みなさんご存じの“謎かけ”。「○○とかけて、□□と解く。その心は――」という落語家などがよくやる言葉遊びの一種だ。通勤中のわずかな時間でもトレーニングできるので、ぜひ試してもらいたい。

Level 8　フォーマルな場で挨拶

最上レベルのトレーニングはプレッシャーを感じながら話すこと。フォーマルな場でしっかりと伝えなければならないという状況は誰もが苦手とするところ。だからこそ、結婚式のスピーチや乾杯の挨拶など、自分から進んで名乗りをあげたい。常に笑顔で言葉を選んだり、場の空気を読みながら進めたり、相当な気を遣うが、様々な能力が鍛えられるはずだ。もともと結婚式の挨拶などはつまらないものと期待されていないので、失敗してもダメージを受ける心配は不要。面白いネタを用意して、短くリズミカルに披露しよう。

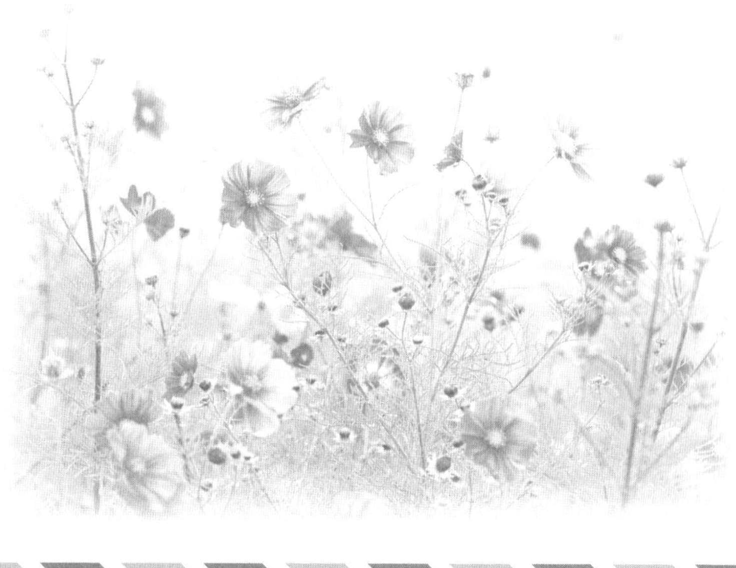

『超一流の雑談力』の著者 安田 正が自ら語る 雑談力を高めるポイントとは?

本書の原作にあたる『超一流の雑談力』の読者だけに
案内されている特典解説動画を以下のサイトから
無料で見ることができます。
雑談力への理解をより一層深めるために、ご活用ください。
(メールアドレスの登録が必要です)

特典動画は
「安田正.com」とご検索ください。
http://yasudatadashi.com

制作スタッフ

まんが	前山三都里
編集	宮下雅子（宝島社）
	神崎宏則（山神制作研究所）
取材・文	西田知子、乙野隆彦（山神制作研究所）
本文デザイン・DTP	遠藤嘉浩・遠藤明美（株式会社 遠藤デザイン）
	室田素子

Profile

〔まんが〕

前山三都里（まえやま・みどり）

まんが家、イラストレーター。『まんがと図解でわかるブッダ』『まんがと図解でわかるマーケティングの神様 コトラーの思いやり仕事術』（ともに別冊宝島）などでもヨエコスキー名義でまんがを描いている。

〔監修〕

安田 正（やすだ・ただし）

株式会社パンネーションズ・コンサルティング・グループ代表取締役。早稲田大学グローバルエデュケーションセンター客員教授。1990年より法人向け英語研修を始め、現在は英語の他、ロジカル・コミュニケーション、プレゼンテーション、対人対応コーチング、交渉などのビジネス・コミュニケーションの領域で講師、コンサルタントとして活躍している。大手企業を中心に1700社超で研修を行い、一般社員の他に役職者1000人以上の指導実績を持つ。著書に『英語はインド式で学べ！』（ダイヤモンド社）、『一流役員が実践している仕事の哲学』（クロスメディア・パブリッシング）、『1億稼ぐ話し方』（フォレスト出版）、『会話のうまさで人生は決まる！』（日本実業出版社）、『超一流の雑談力』（文響社）など多数。

まんがでわかる
超一流の雑談力

2016年12月29日 第1刷発行
2023年 7月21日 第8刷発行

監修 安田 正
まんが 前山三都里
発行人 蓮見清一
発行所 株式会社 宝島社
〒102-8388 東京都千代田区一番町25番地
電話：営業 03-3234-4621／編集 03-3239-0646
https://tkj.jp

印刷・製本 図書印刷株式会社

ISBN978-4-8002-6287-5